AF249692

I

ESPAGNE

LE RECUEIL DE RAPPORTS

SUR

LES CONDITIONS DU TRAVAIL

COMPREND LES PAYS SUIVANTS :

ALLEMAGNE.	ITALIE.
AUTRICHE-HONGRIE.	PAYS-BAS.
BELGIQUE.	PORTUGAL.
DANEMARK.	RUSSIE.
ESPAGNE.	SUÈDE ET NORVÈGE.
ÉTATS-UNIS.	SUISSE.
GRANDE-BRETAGNE.	

LES
CONDITIONS DU TRAVAIL
EN ESPAGNE

RAPPORT

ADRESSÉ AU MINISTRE DES AFFAIRES ÉTRANGÈRES

Par M. CAMBON

AMBASSADEUR DE LA RÉPUBLIQUE FRANÇAISE A MADRID

BERGER-LEVRAULT ET Cie, ÉDITEURS

PARIS		NANCY
5, RUE DES BEAUX-ARTS		18, RUE DES GLACIS

1890

LES
CONDITIONS DU TRAVAIL
EN ESPAGNE

CARACTÈRES GÉNÉRAUX DE LA QUESTION
OUVRIÈRE

Législation.

Les questions ouvrières qui préoccupent en ce moment
les gouvernements et les assemblées parlementaires de
l'Europe et qui ont été depuis longtemps, dans notre pays,
l'objet de dispositions législatives, ont laissé jusqu'à ces dernières années l'opinion publique espagnole assez indifférente. Le développement industriel de ce pays est trop récent pour que les problèmes de l'économie sociale se posent
ici avec la même netteté que dans les vieux pays manufacturiers. Le caractère même de la nation, ses mœurs démocra-
tiques, l'exiguïté de ses besoins ont empêché de naître cette
défiance entre les classes et ces conflits qui nécessitent ailleurs l'intervention constante des pouvoirs publics.

L'ouvrier espagnol est ignorant, laborieux ou indolent,
selon les régions, mais toujours fier et frugal, et il se con-

tente de peu pourvu qu'il soit traité par ses chefs avec considération.

On comprend donc que les questions sociales soient restées jusqu'à présent au second plan dans les préoccupations publiques et qu'à part quelques esprits distingués personne n'ait songé, avant ces dernières années, à s'enquérir de la condition des classes laborieuses et des moyens d'améliorer leur situation. Les propositions émanant de l'initiative parlementaire ou du Gouvernement pour régler les conditions du travail, prévenir les conflits entre patrons et ouvriers, favoriser l'épargne, sauvegarder la santé publique, développer l'instruction ou protéger l'enfance sont restées la plupart du temps à l'état de projets et, lorsqu'elles ont été transformées en lois, leurs dispositions n'ont pas été appliquées.

En 1871 fut ordonnée une enquête parlementaire sur l'état moral et matériel des classes laborieuses, à la suite de laquelle on étudia quelques projets sur les sociétés coopératives et de secours mutuels, les caisses d'épargne, les conseils des prud'hommes, mais la seule loi qui ait été votée et promulguée est celle du 24 juillet 1873 sur le travail des enfants dans les manufactures et l'hygiène des ouvriers.

Aux termes de cette loi, nul enfant de l'un ou de l'autre sexe, âgé de moins de 10 ans, ne peut être employé dans les fabriques ; les garçons de moins de 13 ans et les filles de moins de 14 ne peuvent être retenus plus de 5 heures par jour. Les garçons de 13 à 15 ans et les filles de 14 à 17 ne doivent pas travailler plus de 8 heures. Les enfants qui entrent à la fabrique sans savoir lire et écrire reçoivent l'instruction primaire dans des écoles créées et entretenues par les patrons. Un médecin et un pharmacien doivent être attachés à chaque établissement ou le visiter régulièrement ; des dépôts de médicaments doivent être établis dans les fabriques et les patrons doivent faire les installations nécessaires pour assurer l'hygiène et la sécurité de leurs ouvriers. Les infractions sont punies d'amende.

Cette loi est restée à l'état de lettre morte. Le règlement d'administration publique qui devait la compléter et organi-

ser sans doute un service de surveillance n'ayant jamais été
élaboré, les mesures édictées par le législateur n'ont pas été
exécutées et le Gouvernement a dû promulguer en 1884 un
ordre royal pour rappeler aux patrons l'existence de la loi de
1873. Après ce rappel, quelques poursuites ont été intentées
et certains tribunaux, notamment ceux de Barcelone, ont
prononcé des condamnations, mais la répression n'a pu
s'exercer d'une façon suivie et les dispositions de la loi rela-
tive au travail des enfants sont tombées en désuétude. Aujourd'hui on voit partout dans les manufactures des enfants
de 8 à 9 ans, et les garçons de 13 ans, ou les filles de 14,
travaillant comme les adultes.

Les articles relatifs à l'instruction primaire et à l'hygiène
ont été mieux observés ; un grand nombre d'industriels en-
tretiennent des écoles.

Le Gouvernement, soucieux d'établir une réglementation
sérieuse, a déposé le 1er avril 1889 sur le bureau des Cortès
un nouveau projet qui développe les principes de la loi de
1873 et les rend applicables.

Aux termes de cette proposition, les enfants des deux
sexes, de moins de 9 ans, ne seront admis dans aucune fabrique, atelier, usine ou mine, ceux de 9 à 13 ans, quel que
soit le travail, ne seront pas employés plus de 5 heures et
ceux de 13 à 17 ans plus de 8 heures, sans que le travail con-
sécutif puisse excéder 4 heures.

Les enfants de cet âge ne pourront en aucun cas être admis dans les mines ou carrières souterraines, dans les fabriques de matières inflammables, toxiques ou insalubres, dans
les ateliers où la machine fonctionne par une action indépendante de l'ouvrier, et ne pourront être employés au net-
toyage des moteurs et instruments de transmission pendant
que la machine est en mouvement.

Le travail de nuit et celui des dimanches et jours fériés
est prohibé pour les enfants de moins de 13 ans.

Pour ceux de 13 à 17, le travail pendant les premières heures des jours fériés sera autorisé quand les nécessités de
l'industrie l'exigeront.

Dans les usines à feu continu, les enfants pourront travailler la nuit et les jours fériés à condition de disposer du temps nécessaire à l'accomplissement des devoirs religieux et après autorisation spéciale de l'autorité administrative.

Ne pourront être employés dans les établissements industriels que les enfants munis d'un certificat de vaccine et ne souffrant d'aucune affection organique ou contagieuse.

Ils devront aller 3 heures par jour à l'école quand la fabrique en sera éloignée de moins de 3 kilomètres.

Lorsque l'école la plus voisine sera à une plus grande distance, les patrons qui occuperont plus de 20 enfants et qui ne créeront pas d'école dans leur établissement devront en subventionner une dans le voisinage et seront autorisés, dans ce cas, à retenir sur le salaire des enfants le montant de la rémunération scolaire en usage dans le pays.

Les travaux d'agilité, d'équilibre, de force et de dislocation dans les spectacles publics sont interdits aux mineurs de 17 ans.

Un service d'inspection devra assurer l'application de la loi et poursuivre les délinquants, il s'occupera des heures et conditions de travail, de l'assistance scolaire, de l'état de santé des enfants et de leur propreté. Il veillera à ce que les ateliers soient installés dans de bonnes conditions hygiéniques.

Les patrons seront responsables des accidents arrivés aux enfants par inobservance des prescriptions de la loi.

Les infractions seront punies d'une amende de 25 à 50 fr. qui pourra être élevée à 125 fr. en cas de récidive ; elles seront poursuivies devant les juges municipaux.

Le projet du Gouvernement a été modifié sur plusieurs points par la commission de la Chambre des députés à laquelle il avait été renvoyé et qui a déposé son rapport le 12 mai 1890. D'après la commission, l'âge d'admission des enfants dans les manufactures doit être élevé de 9 ans à 10 pour les garçons et à 12 pour les filles, les garçons de 10 à 14 et les filles de 12 à 14 ne pourront jamais travailler plus de la demi-journée des ouvriers ordinaires. Si cette journée est de 8 heures, ils ne travailleront que 4 et, en tout cas, quelle que soit la durée du travail ordinaire, ils ne travailleront pas plus de 5 heures. Le travail du dimanche est prohibé jusqu'à 14 ans au lieu de 13 et ne pourra être permis que dans des cas exceptionnels aux jeunes gens des deux sexes de 14 à 16 ans ; le travail de nuit est interdit aux mineurs de 16 ans. L'inspection établie en principe par le projet du Gouvernement est réglementée par la commission. Elle sera exercée, sous la direction de 5 inspecteurs généraux nommés par le Gouvernement, par des délégués choisis parmi les médecins du service sanitaire, les ingénieurs de l'État et les inspecteurs de l'instruction primaire.

Les propositions de la commission ont fait elles-mêmes l'objet de nombreux amendements qui n'ont pas encore été discutés.

Tel est l'état de la législation sur les questions ouvrières en Espagne : des lois tombées en désuétude ou mal appliquées et de nombreux projets dont le seul en état d'être prochainement adopté est celui qui règle les conditions du travail des enfants et qui impose aux patrons l'obligation d'observer les règles de l'hygiène pour leurs ouvriers. En dehors de ces dispositions, les pouvoirs publics n'ont encore résolu aucun des problèmes à l'ordre du jour.

Ce n'est pas que l'étude de ces questions n'ait été abordée par les Chambres et n'ait fait l'objet des travaux des économistes, des chefs d'industrie et des sociétés scientifiques ou ouvrières. Depuis quelques années le mouvement industriel est devenu plus actif, les communications se sont développées, les échos du dehors ont pénétré plus avant et les idées de solidarité, auxquelles le monde ouvrier espagnol était complètement étranger, se sont fait jour dans les grands centres. Sous l'influence de quelques hommes de progrès s'est ébauché un mouvement coopératif qui pourra aboutir à la constitution de sociétés fortes et bien organisées s'il n'est détourné de son véritable but par des agents de propagande politique. Plusieurs publications importantes et les journaux de toutes nuances ont commencé à attirer l'attention du public sur le sort des classes laborieuses et sur les moyens de l'améliorer. Enfin le Gouvernement, qui n'avait pas trouvé dans l'enquête de 1871 des lumières suffisantes, a ordonné une nouvelle enquête sur les conditions du travail et cette information, prescrite par un décret du 5 décembre 1883, s'est poursuivie depuis par les soins d'une commission parlementaire, dite des réformes sociales, qui a commencé la publication des renseignements qu'elle a pu recueillir.

Cette enquête n'a pas encore donné de résultat bien net ou du moins il appartient à la commission parlementaire d'en dégager les conclusions et d'élaborer des projets de loi pour satisfaire aux désirs légitimes émis par les intéressés.

Telle qu'elle est, ceux de ces procès-verbaux qui ont été publiés constituent les seuls documents d'où l'on puisse tirer l'expression des désirs de la population ouvrière et des vues de tous ceux que préoccupent les questions sociales.

Tous sont d'accord pour déplorer le retard apporté à l'étude de ces questions, le défaut de suite donnée aux anciens projets et la non-application de la loi du 24 juillet 1873. Les vœux qui semblent exprimés avec le plus d'ensemble ont trait au développement de l'enseignement primaire, à l'institution d'un enseignement professionnel, à la réglementation des syndicats ouvriers, des sociétés coopératives, à la création de sociétés de secours mutuels, de caisses d'épargne, de caisses de retraites et de secours pour les invalides du travail. Quant à la réglementation des heures de travail, la question n'avait pas pris, au moment de l'enquête, le caractère aigu qu'elle a revêtu depuis le 1er mai. Cette date a été le point de départ d'une campagne pour le travail de 8 heures et il semble que les organes de la population ouvrière aient oublié toutes leurs revendications pour se borner à réclamer la réduction de la journée de travail.

Ce mouvement est-il sérieux, est-il profond et une enquête spéciale, ouverte aujourd'hui sur ce point, établirait-elle que la majorité des travailleurs ne s'y associe pas et veut garder sa liberté ? Il est impossible, quant à présent, de répondre à cette question.

On voit combien sont nouvelles en Espagne les préoccupations de ce genre, combien les institutions qui fonctionnent déjà depuis longtemps en France, en Angleterre, en Italie et dans d'autres pays de l'Europe, sont jeunes ou sont rares. Il est donc assez difficile de trouver ici des enseignements et des exemples ; il faut se borner à rechercher ce qui existe et à suivre avec intérêt les efforts tentés pour résoudre des questions qui commencent seulement à intéresser l'esprit public.

NOMBRE DES ATELIERS, DES MANUFACTURES
ET DES OUVRIERS

Les statistiques industrielles faisant défaut, ce n'est que sur des données approximatives qu'il est possible d'évaluer le nombre des établissements, celui des ouvriers et celui des patrons. Dans la province de Barcelone, la plus importante de l'Espagne au point de vue de l'industrie manufacturière, et dans celles de Lérida, Tarragone, Castellon et Valence, on peut évaluer le nombre des ouvriers à plus de 200,000. L'industrie d'impressions sur tissus de coton et blanchiments, très florissante à Barcelone, est exercée par 32 fabriques comprenant 90 machines à imprimer et occupant 3,000 ouvriers. Cette branche est celle qui emploie le moins de bras, la machine remplaçant l'homme dans toutes les opérations.

Les filatures, au contraire, utilisent une force humaine considérable. Elles sont nombreuses en Catalogne : tant dans les villes que dans la campagne, elles comprennent plus de 3 millions de broches et occupent un nombre proportionnel d'ouvriers.

Dans plusieurs provinces d'Andalousie, la plupart des opérations industrielles sont entreprises à forfait par des groupes d'ouvriers dont la composition est un vestige des anciennes corporations. Chaque groupe est dirigé par un maître qui prend des noms divers, suivant le métier qu'il exerce. L'équipe se compose, en outre, d'un ou 2 ouvriers très experts qui servent de contre-maîtres, d'apprentis, qui sont chargés des travaux grossiers, et d'ouvriers qui occupent un rang intermédiaire entre le contre-maître et les apprentis. Le groupe compte généralement sept individus, mais il est quelquefois plus ou moins nombreux. Quand il exerce son état dans une enceinte réservée, comme les charpentiers, forgerons, marbriers, etc., il forme ce que l'on appelle le « taller », l'atelier; quand il travaille au dehors, il prend le nom de « cuadrilla » ; de là, le nom de « cuadrilla » donné aux équipes de toreros. Dans le premier cas, le maître est toujours le fermier de l'entreprise, le chef de l'atelier ; c'est lui qui fixe et paie les salaires et c'est à lui qu'incombe la responsabilité du travail ; dans le second cas, il fait exécuter le travail par les individus de son groupe et en fixe le prix, qu'il paie après avoir accepté l'ouvrage.

Il résulte de cette organisation du travail que, partout où elle existe, le nombre des patrons est très considérable. Dans l'industrie minière de la sierra de Carthagène on peut dire que tous les travailleurs sont patrons, car tout travail est payé à forfait et à tant pour cent du produit obtenu ; chaque travailleur participe ainsi aux bénéfices. Ce système, qui a été adopté en 1840 lors de la reprise de l'exploitation des mines, a produit de bons résultats. Il est également appliqué avec succès dans les fonderies de plomb de cette région, tant pour les services annexes de transport et autres que pour les salaires des ouvriers, qui débattent à l'avance avec le patron la quantité de travail qu'ils pourront fournir dans la journée, moyennant un prix fixé à forfait.

Les établissements industriels importants sont donc peu nombreux dans ces provinces. A part l'arsenal de Carthagène et la manufacture de tabac d'Alicante qui emploient 7,000 à 8,000 ouvriers des deux sexes, on compte, dans les provinces d'Alicante et de Murcie, environ 115 manufactures grandes ou petites, employant 15,000 ouvriers.

Dans celles de Malaga, Grenade,, Jaen, Cordoue, on n'en compte que 55 et on leur attribue 13,000 ouvriers.

Dans les provinces de Cadix, de Séville et de Huelva se

trouvent un grand nombre de petits ateliers, mais la fabrique de tabac de Séville, qui n'emploie que des femmes, l'arsenal de Cadix et les mines de Huelva élèvent la population ouvrière de toute cette région à plus de 30,000.

Les provinces de l'Estramadure et de la Manche sont surtout agricoles et, en remontant vers le nord à travers les Castilles, on ne trouve plus de centres industriels importants jusqu'aux pays basques.

A Bilbao, comme à Barcelone, on est en présence de la grande industrie. Les mines de fer occupent 12,000 ouvriers, les usines métallurgiques, hauts fourneaux, fonderies, etc., en emploient près de 5,000, les fabriques de conserves de poissons 2,000 et on peut évaluer la population ouvrière à 40,000 individus.

CARACTÈRE DE L'OUVRIER ESPAGNOL

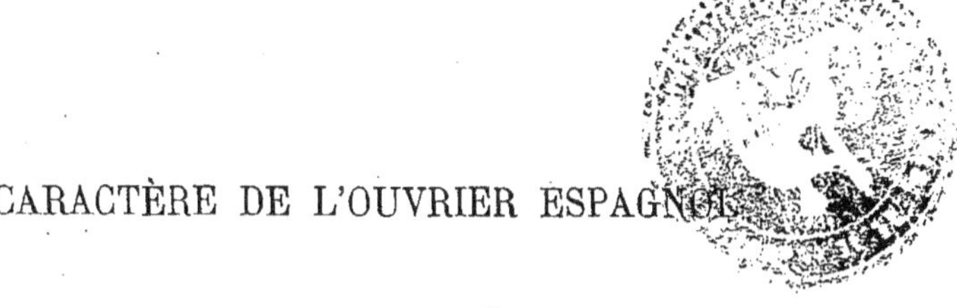

SA CONDITION SOCIALE ET ÉCONOMIQUE

Les ouvriers du nord de l'Espagne ressemblent peu à ceux de l'Andalousie ou de la Catalogne. Ils sont durs au travail, dociles, laborieux et économes. Ils ne sont pas très robustes et se nourrissent mal, mais leur résistance est telle qu'ils supportent facilement les pénibles travaux des industries minières et métallurgiques ; l'état sanitaire de la région est bon.

Ils sont dénués d'instruction, mais intelligents, sachant se plier à tout, et ils apprennent facilement tous les métiers. Indifférents à la politique, ils ne se préoccupaient pas des questions sociales, lorsqu'une propagande assez active, organisée par des émissaires des sociétés ouvrières de Catalogne, a éveillé leur attention sur les conditions du travail et a déterminé dans les pays basques un certain courant socialiste.

La Catalogne et surtout la province de Barcelone, par l'ancienneté et la fréquence de ses rapports avec les autres centres manufacturiers de l'Europe, par ses associations nombreuses et ses habitudes de vie publique, par le développement de son instruction dont le niveau est supérieur à celui du reste de l'Espagne, était naturellement indiquée comme la région où les aspirations de la classe laborieuse vers des conditions meilleures s'affirmeraient d'abord.

Comme le Basque, l'ouvrier catalan est laborieux, sobre, régulier dans sa conduite, mais il a du mouvement dans l'esprit, il se tient au courant des questions économiques, il reçoit et il transmet au reste du pays les impressions du dehors.

Il existe en Catalogne trois sociétés ouvrières fortement constituées. La première et la plus importante, qui date de 1842, porte le nom de « Fédération des trois classes de vapeur ». Elle compte environ 12,000 adhérents, mais son influence s'étend bien au delà. Elle s'occupe particulièrement des salaires et des heures de travail et elle a un organe dans la presse locale, *el Obrero*. La seconde et la troisième ont chacune des programmes économiques différents. Ces associations amèneront probablement une entente entre les populations ouvrières de l'Espagne pour exercer une action sur les pouvoirs publics ou sur les patrons.

En Andalousie, l'ouvrier s'occupe peu de politique, il n'a pas de besoins et la douceur du climat le rend peu exigeant. Il mange peu, il se loge mal, il s'habille légèrement et ne se soucie pas de l'hygiène. Il est d'une imprévoyance qui le réduit quelquefois à la mendicité et ne se préoccupe jamais de l'éventualité d'une crise industrielle ou d'une maladie. Il en résulte que sa condition sociale est très inférieure à celle des ouvriers de Catalogne ou du nord de l'Espagne.

Cependant ses rapports avec son patron sont satisfaisants. Avec les « maîtres » d'ateliers ou d'équipes, il vit presque sur le pied d'égalité, avec les chefs de manufactures dont il est souvent l'obligé, il entretient des relations cordiales, mais il n'a pas l'indépendance des travailleurs des autres régions.

On ne peut savoir dès maintenant si l'ouvrier espagnol, qui se trouve en possession du suffrage universel, s'en servira pour faire valoir ses revendications et pour obtenir les institutions sociales qui manquent à son pays. Il passera sans doute par une période d'incertitude et de tâtonnements et son

éducation ne se fera pas en un jour. Il se préoccupe aujour-
d'hui de la diminution des heures de travail et de l'augmentation des salaires ; il lui faudra beaucoup de temps pour
comprendre de quels éléments multiples se compose le salaire et quel soulagement indirect pourraient lui apporter
des institutions que les pouvoirs publics sont en mesure
d'encourager. Il a fait, pour la première fois cette année, après
le 1ᵉʳ mai, un essai prolongé et malheureux des grèves ; il est
à souhaiter qu'il y renonce et qu'il use du scrutin, qui lui est
ouvert, pour améliorer progressivement son sort par des voies
pacifiques.

SALAIRES

Les salaires sont extrêmement variables, selon les industries et les régions où elles s'exercent. Dans le nord de l'Espagne, ceux des hommes sont de 2 à 8 fr., ceux des femmes de 1 fr. à 2 fr. 75 c. par jour. En Catalogne, la moyenne est moins élevée, sauf à Barcelone où la cherté de la vie amène forcément une élévation qui, paraît-il, n'est déjà plus en proportion avec le prix des subsistances. En Andalousie, la même différence existe entre les prix des villes et ceux des campagnes et la moyenne baisse encore sur certains points. Alors que les mineurs de Bilbao ou de Huelva gagnent de 3 à 5 fr. par jour, ceux de la province de Murcie ne gagnent que de 2 fr. 25 c. à 4 fr. Mais les conditions de la vie sont très différentes au nord et au midi de l'Espagne. On compte qu'étant données les habitudes du pays, un Andalou peut se procurer une nourriture suffisamment variée et substantielle avec 1 fr. par jour. Voici le détail de cette dépense :

Pain, 750 gr.	0ᶠ 25
Pommes de terre, 500 gr.	0 07
Haricots, pois chiches, riz, 36 gr.	0 04
Porc salé, 125 gr.	
Poisson frais, 500 gr. . . . . } 0ᶠ 25 à 0ᶠ 30
Morue salée, 250 gr.	
Œufs, 2.	0ᶠ 15
Café, 16 gr.	0 10
Combustibles, huile d'olives, divers. . .	0 10

Cette alimentation très frugale, à peine suffisante sous le ciel de Malaga ou de Cadix, ne convient pas aux ouvriers du nord, quelle que soit leur sobriété. Il faut, de ce chef, majorer le budget de l'ouvrier catalan, castillan ou basque de 0 fr. 50 c. à 1 fr. 50 c. par jour. De même pour les autres ordres de dépenses. Un ouvrier de l'arsenal de Cadix peut se loger pour 60 fr. par an, un ouvrier de Madrid ou de Barcelone ne peut guère trouver une habitation dans l'intérieur de la ville à moins de 120 ou 140 fr. et, dans la banlieue, à moins de 70 fr. à 80 fr.

En Biscaye, l'ouvrier souffre particulièrement du système de contribution en vigueur dans cette province, où presque tous les revenus publics sont tirés de l'octroi dans les villes et de droits provinciaux élevés qui frappent sans exception les articles de consommation dans toutes les communes. (La propriété foncière bâtie ou non bâtie est exempte de tout impôt dans cette partie de l'Espagne.)

Quant aux vêtements, on peut évaluer le prix d'un costume de travail, d'un habillement de drap, de 3 paires de souliers, de la lingerie et de la coiffure à 140 fr. Il faut y ajouter le prix du manteau ou capa qui est de 60 à 100 fr., mais qui dure plusieurs années. On voit que, pour 150 à 160 fr. environ par an, un ouvrier espagnol peut se vêtir.

En ajoutant à ces articles de dépense le blanchissage, le tabac, le combustible, la lumière et le vin comme extra, on reconnaît qu'un homme non marié, gagnant 3 fr. par jour, c'est-à-dire 900 fr. par an, peut vivre en Andalousie et mettre de côté 50 à 60 fr. par an, s'il ne se produit ni chômage, ni accident. Dans le nord l'épargne est bien difficile à un ouvrier qui ne gagne pas au moins 4 fr. par jour.

Le mariage donne un surcroît de dépense, mais il est amplement compensé par le salaire de la femme, ou au moins par son travail et par l'ordre qu'elle apporte dans la maison.

Le tableau suivant établit la moyenne des salaires dans les industries principales et dans les métiers professés en Espagne :

		Hommes.	Femmes.
Chemins de fer. . . .	Mécaniciens. .	280 par mois	»
	Chauffeurs . .	150 —	»
	Conducteurs .	90 à 130 —	»
		Fr. par jour.	Fr. par jour.
	Ouvriers. . .	2 50 à 3 30	»
	Aiguilleurs. .	2 50	»
Mines. Contremaîtres.		3 50 à 7	»
Fer, cuivre, houille, etc. Ouvriers. . .		2 50 à 5	1
Usines métallurgiques, hauts fourneaux, fonderies, forges ; convertisseurs avec leurs annexes, fours de puddlage ; trains de serpentage ; ateliers de finissage de rails ; ateliers de tours pour cylindres, ateliers de chaudronnerie pour constructions urbaines, ponts, etc. ; ateliers de modelage, fours à coke. . . .	Manœuvres. .	2 50	»
	Ajusteurs. . .	3 à 6	»
	Mouleurs. . .		
	Tourneurs . .		
	Puddleurs . .		
	Maîtres puddleurs. . . .	7 à 8	»
Fonderies de plomb. .	Chargeurs . .	2 75	»
	Purgeurs. . .	2 25	»
	Manœuvres. .	1 75 à 2	»
Fabriques de dynamite, produits chimiques, engrais minéraux.		2 50 à 5	1 25 à 2
Chantiers de construction de navires de guerre et ateliers annexes.		3 50 à 9	»
Fabriques de conserves de poisson . .		2 à 3	1 à 2 50
Scieries de bois de construction et marchands de bois en gros		3 50 à 4 50	»
Fabriques de tabacs		3 à 4	1 25 à 2 75
Fabriques d'allumettes chimiques. . .		2 25 à 3 50	1 25 à 1 75
Fabriques de briques et tuiles		2 à 4	1 à 2
Filatures et tissages		2 à 4 50	1 à 2 50
Impressions sur étoffes et blanchiments.		3 50	»
Imprimeurs typographes		4 50 à 7	»
Usines à gaz.		3 à 5	»
Usines d'éclairage électrique.		3 à 7 50	»
Moulins à farine.		3 à 4 50	»
Boulangers.		3 50 à 4	»
Maçons, peintres en bâtiments, charpentiers, menuisiers, ébénistes, tailleurs de pierre, serruriers, plombiers, ferblantiers.		2 50 à 5	»
Carrossiers.		4 50 à 7	»
Terrassiers.		0^f25-0^f35 l'h.	»

Il est impossible d'établir le rapport du prix de la main-d'œuvre et du chiffre de la production, faute de données suffisamment exactes. La production de l'industrie minière seule est connue ; elle s'élève annuellement à 8 millions de tonnes environ, dont 4,600,000 tonnes de fer, 1,600,000 tonnes de cuivre et 1,200,000 tonnes de houille, mais le rapport de la main-d'œuvre avec cette production varie beaucoup ; il est de 5 à 25 p. 100. Les renseignements recueillis sur les autres industries ne semblent pas suffisamment précis pour être notés.

Sauf dans des cas exceptionnels où le concours de l'administration a été sollicité par les intéressés, le taux des salaires est ordinairement fixé de gré à gré entre patrons et ouvriers. Dans certaines parties de l'Andalousie, l'ouvrier est pris à l'essai pendant une semaine, après laquelle son salaire est arrêté d'après la manière dont il travaille. En Biscaye, les paiements ont lieu en argent généralement tous les quinze jours. En Andalousie, ils s'effectuent par jour, par semaine, par quinzaine ou par mois suivant les industries, mais plus habituellement par semaine ou quinzaine échue. En Catalogne, c'est par semaine et en argent.

Les ouvriers ont été longtemps victimes d'un abus qui a disparu presque entièrement, grâce aux efforts de l'administration, et qui ne subsiste plus que dans quelques fabriques isolées de la Catalogne. Il consistait à acquitter les salaires en bons sur des fournisseurs avec lesquels les patrons étaient quelquefois associés. Quand l'ouvrier était pourvu de tous les objets nécessaires à sa consommation, il était obligé de négocier le surplus de ses bons à un taux souvent usuraire. On a heureusement mis un terme à ces fâcheuses pratiques.

INTERVENTION DES POUVOIRS PUBLICS

DANS LE CONTRAT DE TRAVAIL

———

Le contrat de travail est régi par les mêmes lois que les autres contrats civils et les pouvoirs publics n'interviennent pas entre les contractants. Il est arrivé cependant, quelquefois, qu'ouvriers et patrons ont eu recours aux autorités administratives pour se mettre d'accord. Il existe encore à Barcelone, pour l'industrie de l'impression sur tissus de coton et du blanchiment, un tarif établi dans ces conditions et l'arrangement survenu en cette circonstance est un exemple assez intéressant de ce genre d'intervention.

En 1881, les ouvriers n'ayant pu se mettre d'accord avec les patrons n'ont pas songé, comme ils l'auraient peut-être fait aujourd'hui, à se mettre en grève. Ils ont choisi cinq délégués qui se sont mis en rapport avec un nombre égal de délégués des patrons et, sous la présidence du gouverneur civil de la province, ils ont arrêté un tarif réglant le montant des salaires pour les adultes et pour les enfants, la durée et les conditions du travail pour chaque époque de l'année.

D'après ce tarif, chaque fabricant est libre d'organiser le travail dans son établissement de la manière qu'il croit la plus convenable, mais aux conditions suivantes :

Tout ouvrier majeur de 21 ans, quelle que soit l'occupation à laquelle on le destine, doit gagner 21 fr. par semaine (3 fr. 50 c. par jour).

Les enfants de moins de 9 ans ne peuvent être admis dans la fabrique. Ceux de 9 à 12 ans ne doivent être occupés qu'à des emplois n'exigeant aucun effort corporel et après entente avec leurs parents ou tuteurs. Ceux de 12 à 14 ans gagnent

10 fr. par semaine, de 14 à 16 ans 12 fr., de 16 à 18 ans 15 fr. et de 18 à 20 ans 18 fr.

Les ouvriers chargés des machines à sécher, boîtes à évaporer, apprêts, collages et travaux particuliers gagnent 23 fr. par semaine.

Ceux qui travaillent la nuit touchent pour un nombre d'heures égal au travail de jour un supplément de 2 fr. par semaine.

Les heures de travail sont de 9 pendant 4 mois de l'année et de 10 pendant les 8 autres mois, ce qui donne une moyenne de 9 heures 40 minutes par jour. Un tableau joint au tarif indique, pour chaque mois, l'heure d'entrée et de sortie de l'atelier. Ces heures peuvent être modifiées d'accord entre les patrons et les ouvriers, mais à la condition d'être toujours maintenues dans la moyenne de 9 heures 40 minutes.

Les heures des repas peuvent être consacrées à l'achèvement d'une opération commencée, mais ce travail supplémentaire donne lieu à une déduction sur les heures de travail du reste de la journée ou de la semaine.

Les travaux extraordinaires, en dehors des heures fixées, sont payés double et le travail des jours fériés est payé 1 fr. l'heure.

Ce tarif avait été établi pour 5 ans. Il continue à être en vigueur depuis 1886 par tacite reconduction. Il paraît que les ouvriers le trouvent insuffisant et veulent en demander la révision. Il n'en a pas moins évité les conflits pendant 9 ans entre patrons et ouvriers de cette industrie et il a été scrupuleusement respecté de part et d'autre.

On peut remarquer que les auteurs de cet arrangement ont pris sur eux de réglementer le travail des enfants dans les manufactures, sans se préoccuper des dispositions de la loi de 1873, et que l'autorité administrative qui présidait à l'accord n'a pas songé à rappeler les termes de cette loi. Il faut en conclure, une fois de plus, qu'il n'existe, jusqu'à présent, en Espagne aucun règlement en vigueur pour assurer la protection des enfants.

TRAVAIL DES FEMMES

Quant aux femmes, aucune proposition n'a été formulée jusqu'à ce jour en leur faveur.

La femme espagnole est cependant intéressante et laborieuse ; elle participe à tous les genres de travaux, elle est employée dans un grand nombre d'industries et notamment dans les manufactures de tabac où l'État en occupe plus de 25,000.

Les femmes mariées travaillant peu en dehors de la maison, il semblerait que des devoirs particuliers devraient s'imposer aux pouvoirs publics pour la réglementation du travail des filles sans protection qui peuplent les ateliers et les chantiers. Celles qui appartiennent à cette catégorie sont employées de préférence dans les filatures de coton et de soie, dans les fabriques d'étoffes imprimées, dans les papeteries pour les travaux préparatoires, le triage des chiffons, leur lavage et désinfection, dans les typographies pour le pliage et le brochage, dans les fabriques de faïences et porcelaines pour les travaux de peinture et d'ornement, dans les fabriques de salaisons et conserves où elles font toutes les opérations depuis le lávage des viandes et poissons jusqu'à la mise en caisse, dans les cordonneries, les blanchisseries, les ateliers de confection.

Les diverses exploitations minières en emploient 2,500 environ pour les travaux à ciel ouvert, le criblage, le roulage des wagonnets, etc., moyennant un salaire qui varie de 0 fr. 50 c. à 2 fr.

Sur certains points de l'Espagne, on utilise les femmes dans les boulangeries pour la confection du pain, et ce travail n'est jamais payé plus de 1 fr. 50 c. par jour.

Elles sont, du reste, employées à des travaux insalubres et fatigants qui partout ailleurs seraient réservés aux hommes. Ainsi, les transports de terre et de matériaux pour les terrassements s'opérant la plupart du temps à l'aide de paniers, et non à la brouette, les femmes sont terrassières. Dans certaines régions elles font seules le métier de commissionnaires, opèrent les chargements et déchargements et portent sur leur tête les plus lourds fardeaux. Elles se consacrent également au lavage des sables aurifères, à la préparation des cuirs vernis, à la fabrication des allumettes chimiques et de la dynamite.

Leurs heures de travail sont toujours les mêmes que celles des hommes, sans distinction de jour et de nuit, et la moyenne de leur salaire en fabrique ne dépasse pas 2 fr.

Celles qui travaillent à la maison sont couturières, fabricantes de dentelles, fileuses, tricoteuses, brodeuses, tisseuses, repasseuses, modistes, tailleuses, lingères, gantières et piqueuses de chaussures.

Les couturières travaillent ordinairement à la machine à coudre qu'elles ont achetée dans un dépôt de Madrid et dont elles acquittent le prix moyennant un versement hebdomadaire de 2 fr. 50 c. Leur gain, comme celui des modistes et des brodeuses, dépend de leur goût et de leur habileté.

Les fabricantes de dentelles souffrent de la concurrence du travail mécanique ; cependant leur industrie se maintient et elles continuent de gagner un salaire régulier. Il y a dans la Manche, autour d'Almagro, une région où cette industrie fleurit. On compte plus de 6,000 ouvrières groupées dans 7 ou 8 villages et travaillant chez elles sans abandonner leurs occupations domestiques.

Les tisseuses travaillant à la maison ne se rencontrent guère plus qu'en Galice, dans les Asturies et dans la province de Léon. Elles reçoivent le fil et le transforment en toile moyennant un prix modique qui est le plus souvent acquitté en une certaine quantité de fil.

Les tailleuses pour habits d'hommes ont pour spécialité les gilets et les pantalons ; les plus habiles ne gagnent jamais plus de 2 fr. par jour. Les lingères travaillent à la machine et à la main ; elles fabriquent, pour les maisons de confection, des chemises qui leur sont payées de 0 fr. 75 c. à 1 fr. 25 c.

Les gantières reçoivent les gants tout coupés, les cousent, les piquént et atteignent difficilement un salaire journalier de 2 fr. Il en est de même des piqueuses de chaussures.

La conduite des ouvrières mariées est généralement régulière ; les infidélités et les séparations sont rares et il y a peu d'exemples d'abandon d'enfants. Lorsque les maris émigrent, ce qui arrive assez fréquemment dans quelques provinces, peu de femmes contractent des unions illicites. Les filles non mariées, qui travaillent en fabrique, sont exposées comme partout aux misères morales qu'entraîne l'absence du foyer, les rivalités des compagnes, les promiscuités de l'atelier, mais elles ont des sentiments désintéressés et un souci de leur dignité personnelle qui les préservent souvent de chutes trop honteuses et, somme toute, le niveau de la moralité est plus élevé en Espagne que dans les grands pays industriels du reste de l'Europe.

DURÉE DE LA JOURNÉE DE TRAVAIL

Le tarif de Barcelone, analysé plus haut, résout la question des heures de travail en s'inspirant des nécessités spéciales et des habitudes de l'industrie de l'impression sur étoffes et blanchiment. Il établit une moyenne de 9 h. 40 m., autour de laquelle il est possible d'évoluer. En fait, la durée du travail varie de 8 h. 30 m. à 10 h. 30 m. suivant les saisons. Il est probable que si chaque groupe d'ouvriers et de patrons était ainsi appelé à débattre ses intérêts, la formule de 8 heures de travail perdrait l'autorité qu'elle a conquise sur beaucoup d'esprits qui ne tiennent compte ni de la multiplicité des besoins, ni de la variété des industries, ni de la force des habitudes locales. Cette question a attiré l'attention de la commission des réformes sociales. Elle a constitué dans chaque province des comités chargés de la renseigner sur la durée de la journée de travail agricole ou industriel et sur les vœux exprimés à ce sujet par les populations ouvrières.

Le tableau suivant indique les moyennes des heures de travail relevées par les commissions locales dans 36 provinces.

Province d'Alava	11	heures de travail.
— d'Albacete	8	—
— d'Alicante	10	—
— d'Almeria	10	—
— d'Avila	10	—
— de Barcelone	10	—
— de Burgos	10	—

Province de Caceres . . . . . 10 heures de travail.
— de Cadix . . . . 11 —
— de Castellon. . . . . 10 —
— de Cordoue . . . . . 10 —
— de La Corogne. . . . 11 —
— de Grenade . . . . . 10 —
— de Guadalajara . . . 10 —
— de Guipuzcoa . . . . 10 —
— de Huelva . . . . . 10 —
— de Huesca . . . . . 10 —
— de Jaen . . . . . . 10 —
— de Léon . . . . . . 10 —
— de Lerida. . . . . . 11 —
— de Lugo . . . . . . 10 —
— de Madrid. . . . . . 10 —
— de Malaga . . . . . 10 —
— de Navarre . . . . . 10 —
— d'Orense . . . . . . 11 —
— d'Oviedo . . . . . . 10 —
— de Palencia. . . . . 11 —
— de Pontevedra. . . . 12 —
— de Santander . . . . 10 —
— de Ségovie . . . . . 10 —
— de Séville. . . . . . 10 —
— de Soria . . . . . . 10 —
— de Teruel. . . . . . 8 —
— de Valence . . . . . 10 —
— de Biscaye . . . . . 11 —
— de Saragosse . . . . 10 —

D'après ce tableau, la moyenne de la durée du travail en
Espagne serait de 10 h. 15 m. par jour, et bien que la commission d'enquête ait tenu compte du travail agricole, ce
nombre d'heures paraît se rapprocher de celui adopté par les
principales industries, ainsi qu'il résulte du tableau suivant :

Mines (en hiver). 9 h. $^1/_2$
— (en été). . . . . 11 h. $^1/_2$
Usines métallurgiques . . . . 10 h. $^1/_2$
Produits chimiques (en hiver) . . . . 9 h.
— (en été) . . . . 11 h.
Constructions de navires . . . . 10 h. $^1/_2$
Filatures et tissages (dans les villes et banlieues) . . . 10 h. $^1/_2$
— (dans les campagnes) . . . . . . 11 h.
Impressions sur étoffes (en hiver). . . . . 9 h.
— (en été) . . . . 10 h.
Minoteries . . . . 10 à 11 h.

Usines à gaz	10 à 11 h.
Usines à éclairage électrique.	8 à 9 h.
Typographes	10 h. $^1/_2$

A Barcelone la commission a relevé pour l'été les fixations de travail suivantes :

Usines à vapeur, maréchaux ferrants, selliers.	11 h. $^1/_2$
Tisserands, tailleurs, teinturiers, serruriers, menuisiers.	11 h.
Fondeurs.	10 h. $^1/_2$
Ferblantiers, ébénistes, maçons.	10 h.
Tonneliers	9 h.
Tanneurs.	8 h. $^1/_2$

En combinant ces fixations de travail pour l'été avec celles de l'hiver, on arrive à une moyenne de 10 heures ; on peut la considérer comme celle de la journée de travail en Espagne.

Il ne semble pas que les comités provinciaux d'enquête aient recueilli beaucoup de dépositions réclamant la fixation de la durée du travail à 8 heures. Dans la province d'Albacete la plupart des industries ont déjà adopté depuis longtemps ce nombre d'heures, mais c'est une région peu industrielle. Partout ailleurs la durée de la journée est plus longue et les corps de métier qui se sont mis en grève pour obtenir une réduction n'ont pas formulé la demande de 8 heures.

A Alicante, où la journée est de 9 à 12 heures, il y a eu une grève de ce genre dans l'industrie des serruriers en 1872, mais depuis lors aucune réclamation ne s'est élevée.

A Cordoue on a signalé une grève des ouvriers plombiers dans le même but, à la Corogne des réclamations analogues; à Séville, Bilbao, Madrid et Valence, on a constaté plusieurs grèves pour le même objet; elles ont amené dans ces deux dernières villes une réduction des heures de travail.

Partout ailleurs les comités provinciaux n'ont constaté aucun désaccord sérieux entre ouvriers et patrons; il est vrai qu'ils fonctionnaient avant le 1er mai 1890, que depuis cette époque s'est posée la question du travail de 8 heures et que des grèves importantes ont été organisées pour l'obtenir.

TRAVAIL DU DIMANCHE

Quant au travail du dimanche, il s'impose dans les usines à feu continu ; il est payé suivant un tarif spécial et généralement au prix double de la semaine. Dans les industries ordinaires, il est difficile d'obtenir le travail des jours fériés, même avec des conditions de salaire supérieur. On a proposé de rendre le repos du dimanche obligatoire ; cette disposition inutile, vu les habitudes du pays, serait assez mal accueillie, on y verrait une atteinte à la liberté du travail.

CONCURRENCE FAITE AUX OUVRIERS

NATIONAUX

PAR LES IMMIGRANTS ÉTRANGERS

L'ouvrier espagnol ne se plaint pas de la concurrence des immigrants étrangers, qui sont en petit nombre ou qui s'installent rarement en Espagne à titre définitif. Dans les établissements métallurgiques de Biscaye, on emploie un certain nombre de contremaîtres français, anglais ou belges, mais leur engagement est limité à l'enseignement de certains travaux spéciaux aux ouvriers espagnols pendant un temps déterminé. L'engagement fini, ils retournent dans leur pays d'origine aux frais des patrons.

Il en est de même en Catalogne, où les ouvriers étrangers ne sont embauchés que pour exécuter les travaux où l'ouvrier du pays montre une trop grande infériorité ; ils sont congédiés aussitôt qu'ils ont formé des élèves en état de les remplacer. L'industrie des impressions sur tissus de coton doit son développement à l'influence d'un personnel dirigeant (chimistes, ingénieurs, dessinateurs, graveurs), qui comptait jusqu'à ces derniers temps 10 p. 100 de Français. Cette proportion va chaque jour en s'affaiblissant, car, une fois les procédés connus et appliqués, là mise en train de la maison assurée, le personnel étranger est remercié.

On observe les mêmes faits dans les verreries où, pendant

de longues années, les ouvriers français tenaient tous les emplois ; ils sont remplacés, peu à peu, par des ouvriers espagnols formés à leur école.

Le métier de boulanger dans la ville de Madrid paraît seul appartenir sans contestation à nos compatriotes. Par suite d'une immigration continue dont les origines sont fort lointaines, tous les ouvriers boulangers de la capitale de l'Espagne sont français et originaires d'Auvergne.

CONFLITS ENTRE PATRONS ET OUVRIERS

MOYENS EMPLOYÉS POUR LES PRÉVENIR

ET POUR Y METTRE FIN

Les désaccords entre patrons et ouvriers ont le plus souvent pour cause le règlement des salaires et la durée de la journée de travail, soit que le dissentiment provienne de la manière de compter les heures et les temps de repos, soit que les ouvriers réclament des augmentations de paye ou des diminutions de travail, mais jusqu'à ces derniers temps ces désaccords avaient rarement pris un caractère aigu et les grèves étaient extrêmement rares. On avait signalé une grève des fondeurs en 1852, des métallurgistes de Séville en 1872, des typographes en 1882 et, depuis, des grèves de serruriers, de boulangers et d'autres corps de métiers sur divers points du territoire et notamment à Valence et à Barcelone. C'étaient toujours des chômages de courte durée qui se terminaient par des arrangements entre patrons et ouvriers, sans que la paix publique fût troublée.

En 1887 se produisit pour la première fois dans la région de Huelva, une cessation de travail des mineurs accompagnée de manifestations tumultueuses qui finirent par une collision avec la force armée. Le motif de ces troubles n'avait aucune relation avec la condition des ouvriers. Toute la région était alors excitée contre les compagnies minières qu'on voulait obliger, dans l'intérêt de l'agriculture et de la santé publique, à cesser les calcinations à l'air libre. Le Gouvernement était en conflit avec les compagnies, et les mineurs partageant l'agitation générale, refusèrent le travail et formulèrent des revendications. Le règlement administratif de la question des calcinations mit fin aux troubles.

Depuis lors aucun conflit sérieux ne s'était produit, lorsqu'à la fin de 1889 quelques ouvriers de la région de Bilbao, obéissant à des excitations du dehors, élevèrent des plaintes et proposèrent la grève. Ils ne furent pas suivis par la majorité des travailleurs qui déclarèrent ne pas s'associer à leurs réclamations et firent avorter le mouvement.

La manifestation du 1er mai réveilla le conflit ; les plaintes des ouvriers se généralisèrent, une grève importante eut lieu et les patrons furent obligés de faire quelques concessions pour obtenir la reprise du travail.

A la même date les ouvriers des ports de Carthagène et de Portman se mettaient en chômage. Ils obéissaient certainement à une impulsion étrangère, car, organisés en petites équipes, alternativement maîtres et employés, ils n'avaient aucun intérêt à modifier une répartition des gains à peu près équitable. Ils acceptèrent la médiation de la chambre de commerce de Carthagène qui rétablit la concorde ; le travail fut repris au bout de deux jours.

Des grèves eurent lieu en même temps à Madrid, à Valence, à Barcelone. A Madrid elles furent arrêtées par l'intervention officieuse du gouvernement civil, à Valence les réclamations des ouvriers furent soumises, suivant l'usage de la ville en pareil cas, à des juges mixtes nommés par les patrons et les ouvriers et présidés par les syndics de chaque corps de métier. A Barcelone, le 1er mai fut le point de départ d'une longue agitation. Sous l'inspiration des sociétés ouvrières, tous les ateliers se solidarisèrent avec quelques ouvriers expulsés d'une usine, la grève devint générale, l'ordre fut troublé et la tranquillité ne se rétablit, au bout de deux mois, qu'après une démonstration énergique de l'autorité publique et un arrangement permettant aux ouvriers expulsés de rentrer dans une autre usine. Jusque-là les conflits s'étaient presque toujours réglés à l'amiable, soit par l'intermédiaire de délégués permanents chargés de concilier les intérêts des patrons

et des ouvriers, soit par les bons offices du gouverneur civil
ou même du capitaine général qu'on choisissait volontiers
comme arbitre et dont on écoutait les avis.

Il est probable que bientôt ces moyens de rétablir l'accord
entre patrons et ouvriers paraîtront surannés et qu'on avan-
cera de plus en plus dans la voie où l'on s'est engagé le
1er mai. Au régime paternel des concessions mutuelles et des
arbitrages librement acceptés se substituera la lutte entre des
associations de patrons et des agglomérations d'ouvriers qui
mesureront leurs forces et ne céderont qu'à la dernière extré-
mité. C'est l'effet inévitable du développement de l'industrie ;
tous les pays manufacturiers sont condamnés à subir cette
crise et la préoccupation qu'inspire aux pouvoirs publics de
l'Europe la question ouvrière n'a pas d'autre cause. Il im-
porte d'établir un contact entre le patron et l'ouvrier, de leur
ménager les moyens de discuter leurs intérêts et de s'enten-
dre ; autrement c'est l'état de guerre, c'est la grève incessante
avec ses ruineuses et lamentables aventures.

Il semble que le remède soit dans de bonnes lois sur les
syndicats de patrons et d'ouvriers, et il est probable que le
gouvernement espagnol ne tardera pas à faire étudier la question. Il s'est contenté de donner jusqu'à présent la liberté
d'association la plus complète, sans distinction entre des sociétés de caractères très différents. Il en résulte que des associations ouvrières ayant pour objet des études économiques
se confondent avec des sociétés politiques, qu'elles soulèvent
les méfiances des patrons, qu'elles s'exposent en cas de trouble
à des mesures de police et que leurs délégués n'ont aucun
mandat pour traiter des conditions du travail. Il est désirable
de voir donner un caractère légal à ces institutions nées de la
force des choses et éprouvées par une longue pratique telles
que celles des délégués permanents de Barcelone ou des
juges mixtes de Valence ; il faut espérer que la commission
des réformes sociales cherchera une solution dans ce sens.
Elle devra commencer par constituer des conseils de prud'-
hommes ; ils n'existent pas encore, malgré le dépôt aux
Cortès de trois projets de loi en 1854, en 1870 et en 1873.

RESPONSABILITÉ DES PATRONS EN CAS D'ACCIDENTS

ÉTABLISSEMENTS DANGEREUX ET INSALUBRES

———

Il n'existe non plus aucune loi spéciale ni sur la responsabilité des patrons en cas d'accidents, ni sur les établissements dangereux ou insalubres. Les patrons peuvent être actionnés devant les tribunaux pour dommages, conformément aux prescriptions du Code civil, et les établissements dangereux ou insalubres sont régis par des arrêtés municipaux qui se bornent la plupart du temps à interdire l'établissement de fabriques de poudre et de dynamite à proximité des lieux habités.

———

ÉCOLES. ENSEIGNEMENT PROFESSIONNEL

INSTITUTIONS DE PRÉVOYANCE

Mais l'insuffisance de la législation espagnole se fait surtout sentir en ce qui touche à l'enseignement public et aux institutions de prévoyance.

Malgré des efforts très louables et plusieurs entreprises dues à l'initiative privée, l'instruction primaire et professionnelle n'est pas à la hauteur des progrès du reste de l'Europe. Une loi de 1857 oblige chaque agglomération de 2,000 habitants à entretenir une école primaire et crée des ressources à cet effet, mais ses prescriptions ne sont pas exactement appliquées. La population scolaire de 3 à 9 ans est évaluée à 2,200,000 enfants et les inscriptions dans les écoles dépassent à peine 1,200,000. Encore peut-on déduire de ce chiffre 30 p. 100 d'enfants inscrits ne paraissant même pas sur les bancs. Tandis qu'en France, en Belgique, en Hollande, en Allemagne, on évalue à la somme de 4 à 5 fr. la contribution annuelle de chaque citoyen dans les dépenses de l'enseignement, on doit l'évaluer ici à moins de 1 fr. 50. Cette comparaison donne la mesure des sacrifices qui s'imposent à ce pays, s'il veut satisfaire aux exigences modernes.

On a vu que les dispositions de la loi de 1873 relatives à l'enseignement des enfants employés dans les fabriques n'étaient point respectées. Cependant quelques administrations et quelques chefs d'usine se préoccupent de l'état intellectuel et de l'avenir des enfants qui leur sont confiés. L'administration des postes et télégraphes a organisé son service de façon à laisser à ses jeunes porteurs de dépêches plusieurs heures par jour pour se rendre à l'école ou pour apprendre un métier. Les grandes industries minières et métallurgiques et plusieurs fabricants de Barcelone ont créé, dans leurs établissements, des écoles primaires et des cours d'adultes, plusieurs villes reçoivent gratuitement dans leurs institutions scolaires les enfants d'ouvriers, mais ces efforts individuels ne sont ni assez répandus, ni assez persistants et le niveau de l'instruction ne s'élève pas beaucoup.

Quant à l'enseignement professionnel, l'État semble l'avoir beaucoup négligé jusqu'ici. Les écoles techniques ne sont ni bien nombreuses, ni bien outillées ; elles sont, la plupart du temps, créées ou entretenues par les provinces, les villes ou les sociétés particulières. Ainsi Bilbao possède une école d'arts et métiers fondée par le conseil provincial et qui donne d'assez bons résultats, Santiago de Compostelle une école de dessin, d'architecture, de commerce et d'agriculture créée par une société privée et subventionnée par la ville, Carthagène des cours d'adultes fondés par une association économique et une école de contremaîtres mineurs et mécaniciens, Barcelone, Madrid et plusieurs autres villes des institutions du même genre. A Madrid, il existe en outre un institut agronomique fondé par le roi Alphonse XII et une association pour l'enseignement de la femme, qui a institué en 1878 une école de commerce pour les jeunes filles.

Mais l'opinion publique est tellement indifférente à cet ordre d'idées que ces écoles et ces cours sont peu fréquentés et que la population ouvrière n'en tire pas tout le parti possible. Il faudrait une forte impulsion d'en haut pour grouper les efforts individuels et déterminer un courant favorable au progrès de l'enseignement.

CAISSES DE SECOURS ET DE RETRAITE

SOCIÉTÉS COOPÉRATIVES

Les caisses de retraite n'existent pas, mais quelques grands établissements accordent aux ouvriers, atteints d'incapacité de travail par suite d'accidents, des pensions de 200 à 400 fr. Un asile pour les invalides du travail a été fondé à Madrid par le Gouvernement, il est insuffisamment doté et n'a pas rendu jusqu'à présent de grands services. Dans quelques villes, les patrons ont encouragé la création de sociétés de prévoyance fort utiles, on cite celle des invalides du travail de Sabadell près Barcelone, et celle de Cadix fondée en 1887 et dont les membres ouvriers des deux sexes versent 0 fr. 40 c. par mois. En cas de mort du sociétaire, la famille reçoit 1,500 fr. une fois payés ; en cas d'infirmité générale et permanente, 1,300 fr.; d'infirmité générale non permanente, 650 fr.

Il existe, en outre, de nombreuses associations pour le soin des malades à domicile et des caisses de secours dans la plupart des grandes entreprises. Ces caisses sont alimentées le plus souvent par une retenue de 1 ou 2 p. 100 sur les salaires et le déficit est couvert par le patron ; elles fournissent les honoraires des médecins et les médicaments pour les ouvriers malades ou blessés et elles leur assurent, en outre, un secours en argent de 0 fr. 75 c. environ par jour.

Quant aux sociétés de secours mutuels, dont l'organisation libre, puisqu'elles ne sont régies par aucune loi, rappelle beaucoup celle de nos sociétés françaises, elles sont nombreuses, surtout à Madrid et à Barcelone, et embrassent généralement tout un corps de métier.

CORPORATIONS

Les corps de métier forment de véritables corporations ;
elles sembleraient n'avoir plus de raison d'être en Espagne
depuis l'établissement de la liberté du travail et d'association, mais elles ont conservé une existence légale à cause
d'un impôt, connu sous le nom de contribution industrielle,
dont la répartition est confiée pour chaque branche d'industrie à l'ensemble du corps de métier. Un article du décret de
1847 qui règle l'assiette et la perception de cet impôt dit
« que dans chaque localité tous les individus exerçant la
même industrie ou profession, le même art ou le même commerce formeront un collège pour le paiement de ladite contribution ».

Il en résulte que les corporations ont leur vie propre,
leurs intérêts distincts, leurs réunions, leurs représentants
ou syndics et qu'elles forment naturellement le noyau de
toutes les sociétés de secours mutuels. Il semble qu'elles devraient être appelées à former également des sociétés coopératives de production et de consommation. Des tentatives réi-
térées ont été faites par des économistes distingués pour
amener les ouvriers à comprendre les avantages de ces institutions. A Valence, un professeur de l'Université, don
Eduardo Perez Pujol, s'est livré à un travail de propagande
personnelle et a déterminé dans toute la région un mouvement sérieux ; un congrès sociologique tenu dans cette ville
a réuni plus de 16,000 ouvriers et il était permis de croire
qu'il en sortirait une organisation nouvelle du travail. Mais

ces efforts furent énergiquement combattus par les représentants de l'association internationale des travailleurs et le courant s'arrêta. Il existe sous le nom d'*Union ouvrière Balear* une société ayant pour objet le placement des ouvriers, la création de caisses d'épargne, la fondation d'associations coopératives de production et de consommation, etc., etc., mais, malgré ses efforts, on ne peut citer aujourd'hui en Espagne une société de production ayant quelque importance et quant aux sociétés de consommation, elles ne paraissent avoir de succès qu'à Bilbao, où plusieurs associations formées par les ouvriers et administrées par eux donnent des résultats satisfaisants.

HABITATIONS OUVRIÈRES

Aucune tentative ne paraît avoir été faite par les chefs d'industrie pour procurer à leurs ouvriers des logements à bon marché, sains et rapprochés du lieu de leur travail. On signale comme une exception la fabrique de parfumerie de Tena près Séville qui fournit au personnel de l'usine des habitations convenables. Les compagnies minières installent des baraquements, mais ces logements ne paraissent pas remplir toutes les conditions désirables, car l'obligation d'y demeurer fut l'un des griefs des mineurs de Bilbao lors de la dernière grève ; depuis lors, ils sont devenus libres de loger ailleurs. Il y a tout à faire sur ce point, mais l'État ne saurait intervenir qu'en exerçant une surveillance active sur les logements insalubres. Il faut attendre que le progrès naturel des idées et les impulsions de l'opinion publique déterminent la grande industrie à installer des habitations ouvrières.

SOCIÉTÉS DE CRÉDIT. BANQUES POPULAIRES

CAISSES D'ÉPARGNE. MONTS-DE-PIÉTÉ

Le Gouvernement aurait plus d'action sur les institutions destinées à favoriser l'épargne et à fournir aux petits industriels et aux ouvriers qui s'établissent à leur compte leur première mise de fonds. Sauf en Biscaye et en Catalogne, l'ouvrier espagnol épargne peu et, lorsque le besoin d'argent se fait sentir, il s'adresse à des prêteurs sur gages qui lui demandent un taux usuraire et qu'il préfère cependant aux monts-de-piété.

Les caisses d'épargne dans toute l'étendue de l'Espagne sont au nombre de 35, et le chiffre total des déposants, d'après une statistique qui remonte à 1883, ne dépasscrait pas beaucoup 100,000. A la caisse de Madrid, les déposants appartenant à la classe ouvrière ne représentent pas 20 p. 100 du nombre total ; la moyenne de leurs dépôts est de 25 fr., celle de leurs livrets de 1,000 et on estime leur épargne actuelle à 8 millions. Dans plusieurs villes, à Cadix par exemple, on a dû supprimer la caisse d'épargne faute de service.

Il n'y a que 28 monts-de-piété faisant annuellement 500,000 à 600,000 prêts dont la valeur excède 100 millions. Les prêts sur les valeurs publiques qui sont admises en gage représentent 80 p. 100 de cette somme et ne sont généralement pas à l'usage de la classe ouvrière. A Madrid où l'on compte 64 maisons de prêts sur gages, le mont-de-piété fait 200,000 opérations et les prêteurs en font plus de 1,200,000.

Les institutions publiques pour favoriser l'épargne et se-
courir les travailleurs nécessiteux sont donc à l'état rudimen-
taire. La législation fait défaut et il faut s'en remettre à l'i-
nitiative privée qui, jusqu'à présent, ne s'est pas montrée très
active. Un grand établissement de Bilbao, la « Société des
hauts fourneaux du Desierto », voulant répandre le goût de
l'économie, a récemment ouvert à ses employés un compte
courant et leur sert des intérêts raisonnables sur les sommes
déposées, mais cet exemple n'a pas été suivi. Une société de
crédit s'est fondée aux environs de Carthagène sous le nom
de « Posito », c'est une institution embryonnaire qui n'a pas
fait ses preuves; des chambres de commerce étudient la création d'établissements de ce genre, des municipalités témoi-
gnent publiquement de leur intérêt pour ces questions, mais
tout cela reste dans le domaine des idées spéculatives. Aucune organisation sérieuse du crédit industriel ou agricole
n'a été tentée.

On voit que la solution des questions ouvrières n'est pas
très avancée en Espagne, mais le développement économique
du pays, l'importance croissante de son industrie, le progrès
des idées, les manifestations ouvrières et l'exemple du reste
de l'Europe rendent nécessaires l'examen de ces problèmes
et l'établissement d'une législation appropriée aux besoins
nouveaux. Les pouvoirs publics semblent résolus à accepter
les devoirs que cette situation leur impose et il faut espérer
qu'ils trouveront dans l'opinion le concours nécessaire et
qu'ils pourront compter sur les qualités sérieuses et l'esprit
d'ordre de la population ouvrière. L'Espagne, heureusement,
jouit des deux biens qui permettent de résoudre ces questions
avec calme et maturité et qui rendent tout facile : la paix et
la liberté.

P. CAMBON.

TABLE DES MATIÈRES

II

PORTUGAL

LES
CONDITIONS DU TRAVAIL
EN PORTUGAL

RAPPORT

ADRESSÉ AU MINISTRE DES AFFAIRES ÉTRANGÈRES

Par M. BIHOURD

MINISTRE DE LA RÉPUBLIQUE FRANÇAISE A LISBONNE

LES

CONDITIONS DU TRAVAIL

EN PORTUGAL

INTRODUCTION

L'étude de la question ouvrière offre, en Portugal, des difficultés spéciales. Les documents authentiques, qui permettent d'effleurer sinon de saisir la vérité, sont rares et déjà
anciens. La vie industrielle dans ce pays n'a pas été intense
et, pour en discerner entièrement les caractères peu accusés,
le secours de travaux contemporains serait nécessaire. Or,
les statistiques sont peu abondantes. En 1881, une enquête
a été ouverte en vue des négociations relatives au traité de
commerce et de navigation avec la France ; elle a révélé pour
la plupart des industries, le nombre des établissements et celui des ouvriers, le chiffre des salaires, la valeur des matériaux employés, celle de la main-d'œuvre et, enfin, celle des
produits fabriqués. Près de dix années n'ont pu manquer de
troubler profondément l'exactitude de ces renseignements.
Le gouvernement portugais ne pouvait s'en contenter. L'ex-
piration prochaine de traités de commerce, notamment de
celui qui lie ce pays au nôtre ; le désir, qui se fait jour,
même au Parlement, d'user de la liberté recouvrée pour
abriter les efforts de l'industrie nationale sous un tarif pro-

tecteur; l'accroissement manifeste du nombre des usines; l'amélioration de leur outillage, et surtout la nécessité de connaître exactement la situation des ouvriers, tout conseillait un travail administratif destiné à mesurer le chemin parcouru depuis 1881, les progrès incontestables réalisés durant cette période. Une enquête a été prescrite, malheureusement ces résultats, qui auraient communiqué à ce rapport plus de clarté et de précision, ne sont pas encore connus.

Le Portugal est, avant tout, un pays agricole. La culture de la vigne, aujourd'hui compromise par les ravages du phylloxéra, est, d'ancienne date, importante et célèbre. Pendant longtemps l'industrie a peu élargi son étroit domaine. Les colonies répandaient dans la métropole des richesses qui s'échangeaient contre des produits manufacturés de l'étranger. Cette habitude, qui a si grandement servi surtout les intérêts anglais, a été lente à se modifier. Au siècle dernier, le marquis de Pombal avait bien installé, avec le concours d'ouvriers étrangers destinés à faire école, des fabriques consacrées surtout au tissage de la laine et du coton. Son œuvre a survécu, mais elle n'a pas amené dans ce pays l'affranchissement industriel auquel s'appliquent de nos jours les efforts les plus énergiques. L'enquête de 1881 a attesté ces efforts, celle de 1890 les mettra sans doute en plein relief.

Deux centres industriels se sont formés à Porto et à Lisbonne, qui presque seuls s'offrent à notre étude. Leur constitution explique en grande partie le peu d'importance qu'a présenté jusqu'ici la question ouvrière en Portugal. A Porto, le travail des manufactures et des grands ateliers emploie à peine la moitié des bras. La petite industrie, installée surtout dans les environs de la ville, est relativement considérable. Elle permet généralement à l'ouvrier de rester au logis, au milieu de sa famille, de cultiver parfois un lopin de terre, de mener, hors de la surveillance d'un patron, une vie plus indépendante; elle le soustrait à quelques-unes des conséquences naturelles de l'agglomération qui développe le sentiment de la solidarité et le fortifie par la conscience de la puissance

collective. Les travailleurs employés dans les manufactures
avaient, eux aussi jusque dans ces dernières années, conservé une attitude qui ne provoquait pas l'attention. Les ouvriers heureux, soit qu'un profit équitable rémunère leurs
peines et satisfasse à leurs besoins, soit plutôt que leur am-
bition ait des bornes facilement accessibles, n'ont pas d'his-
toire. C'est du mécontentement, des plaintes, des revendications que paraît surgir la question ouvrière. Or, en Portugal,
le climat et les mœurs ont limité les besoins ; les salaires ont
pu, sous l'influence de droits de douane protecteurs, attein-
dre un niveau relativement élevé ; la distribution imparfaite
de l'enseignement populaire a ralenti les effets de la propagande socialiste ; enfin, une certaine apathie s'est ajoutée à
ces diverses causes pour ajourner dans ce pays la naissance
des préoccupations qui semblent dominer l'Europe actuelle
et auxquelles aucun État ne peut se flatter d'échapper.

Toutefois, depuis quelques années ce mouvement général
s'étend au Portugal. Les ouvriers que l'organisation moderne
du travail rassemble de plus en plus, commencent à connaître et à suivre les exemples qui leur viennent de l'étranger.

Le gouvernement ne pouvait se désintéresser de ce mouvement et il s'est appliqué à témoigner la sollicitude qu'il lui
inspirait.

Jusqu'à présent, il est vrai, la loi n'a imposé aucune règle
au travail qui, sans réserve pour l'âge et le sexe, est aban-
donné au régime de la pleine liberté. Mais, à diverses reprises, des projets de réglementation ont été annoncés.

Une loi du 14 août 1889 a autorisé la création de tribunaux
d'arbitrage et de conciliation. Les attributions très étendues
de ces tribunaux embrassent tous les différends relatifs à
l'exécution des contrats industriels ou commerciaux entre
les patrons, d'une part, et leurs ouvriers ou employés, de l'autre, spécialement tout ce qui concerne les salaires, le prix et
la qualité de la main-d'œuvre, les heures de travail, etc...
Ces tribunaux, appelés en somme à trancher sans appel toutes
les difficultés soulevées entre les patrons et les ouvriers, pourront aussi, à la demande des patrons ou de la majorité des

ouvriers, fonctionner comme des chambres syndicales et ils connaîtront alors des réclamations dirigées contre les clauses des contrats de travail en vigueur et ils émettront leur avis sur l'opportunité et l'équité qui peuvent conseiller d'accueillir ces réclamations. Ces tribunaux seront investis d'un pouvoir administratif pour surveiller l'application des lois et règlements relatifs à l'industrie, pour réprimer les infractions et pour exercer une sorte de tutelle bienveillante sur les rapports entre patrons et ouvriers.

Pour élaborer le règlement nécessaire à l'application de cette loi et déterminer le mode d'élection des arbitres devant composer ces tribunaux, une commission a été nommée le 26 novembre 1889 et comprend six membres. Les commissaires ne paraissent pas avoir encore achevé leur mission.

Le gouvernement portugais est, après de longues études, à la veille de réglementer l'organisation des sociétés de secours mutuels, dont nous indiquerons plus loin le fonctionnement défectueux.

On devait avant tout, ce semble, se préoccuper du travail des femmes et des mineurs; mais les efforts du gouvernement, pas plus que ceux de l'initiative parlementaire n'avaient pu aboutir à une loi. Un décret dictatorial du 10 février 1890, décret auquel le vote récent des Cortès a donné force de loi, autorise le gouvernement à réglementer le travail des femmes et des enfants dans les établissements industriels, ainsi que les questions d'hygiène et de salubrité dans les fabriques et ateliers. Les études de l'administration n'ont pas encore revêtu la forme d'un règlement.

Il serait difficile de prévoir l'époque à laquelle ces projets, sortant de la sphère des études et des méditations, seront livrés à l'épreuve de l'application. Sans rechercher le sort réservé aux réformes législatives, nous allons, avec les ressources généralement surannées et incomplètes à notre disposition, envisager la situation de l'industrie et la condition des ouvriers, en nous conformant au plan tracé par la circulaire ministérielle.

STATISTIQUE

Pour apprécier l'importance de la vie industrielle dans le Portugal, qui compte en Europe quatre millions et demi d'habitants, il conviendrait de dénombrer la population ouvrière et de relever le chiffre des ateliers et des manufactures. Pour ce travail, l'enquête de 1881 fournit des éléments très incomplets ; elle n'a réussi à réunir que peu de réponses au questionnaire distribué et elle s'est heurtée aux refus et aux dissimulations : on craignait qu'une réforme législative ne vînt à user des déclarations recueillies pour créer de nouvelles charges fiscales ou pour restreindre le travail des femmes et des mineurs.

D'après l'enquête, il existait, en 1881, 338 usines ou manufactures et 907 ateliers. Les manufactures employaient environ 23,000 ouvriers et les ateliers sensiblement le même nombre. Cette population se décomposait ainsi :

Travaillaient :

Dans les manufactures
- 10,250 hommes,
- 5,375 femmes,
- 3,599 enfants ;

Et dans les ateliers
- 15,733 hommes,
- 3,159 femmes,
- 2,146 enfants.

Il convient d'ajouter les ouvriers dont l'enquête n'indique ni l'âge ni le sexe et qui s'élèvent au chiffre de 3,603 pour la première catégorie d'établissements et à 2,038 pour la seconde.

Le travail à domicile est, nous l'avons déjà signalé, extrêmement répandu ; il occupe 45,000 ouvriers, dont, pour près de 31,000, ni l'âge ni le sexe ne sont indiqués dans les statistiques. Les uns, forgerons, boulangers, maçons, tuiliers,

bijoutiers, sabotiers, etc., forment de petits ateliers qui s'é-
levaient, en 1881, au chiffre de 2,620, les autres sont, en
grande partie, des travailleurs agricoles qui, lorsque la culture ne les réclame pas, se livrent, chez eux, à divers métiers
et, surtout, à celui de tisserand. Souvent aussi les femmes
partagent leur temps entre les soins du ménage et le travail
industriel.

Dans cette catégorie l'enquête range 10,889 hommes, dont
2,739 contremaîtres, 2,967 femmes et 249 enfants. La presque totalité de ces contremaîtres sont employés à la char-
penterie. Ils sont à la tête de petites équipes et se chargent,
à forfait, de travaux de construction que leur confient direc-
tement les propriétaires.

Le petit nombre des enfants recensés s'explique, non par
la fréquentation de l'école, mais par la crainte qu'éprouvent
les parents de provoquer, par des déclarations franches, quelque réforme qui les priverait d'une partie des salaires actuels.

Si on cherche à déterminer le nombre des patrons, on est
contraint de l'assimiler à celui des manufactures et des ateliers; et si on rapproche ces chiffres de ceux relatifs à la
population ouvrière, on trouve que dans chaque manufacture
un patron emploie, en moyenne, 67 ouvriers et que dans
chaque atelier cette moyenne descend à 25.

Le recensement actuellement poursuivi fournira certainement des chiffres beaucoup plus élevés que ceux rapportés
ci-dessus. Le développement de l'industrie suit une marche
que tout conspire à accélérer. Ces progrès sont attestés par
l'augmention très sensible de la population ouvrière dans le
district de Porto et, d'un autre côté, par l'importation, croissante dans ces dernières années, des appareils moteurs.

En effet, le district de Porto qui, d'après la statistique de
1881, renfermait 63,104 ouvriers, en comprendrait actuellement 85,000 : 40,000 ouvriers habiteraient Porto et 45,000
les communes rurales du district.

D'autre part, on ne comptait, en 1881, dans tout le Portugal
que 328 moteurs à vapeur; l'importation annuelle de ces moteurs a atteint, en 1889, le chiffre de 85.

CONDITION DE L'OUVRIER

La condition de l'ouvrier varie suivant le lieu qu'il habite
et le travail auquel il se livre, en d'autres termes, elle dépend de son genre de vie et de son salaire. On ne peut l'envisager ici que sous son aspect général et non sous ses formes
diverses.

L'ouvrier portugais est extrêmement sobre, toutes ses habitudes portent la marque de la simplicité primitive ; le climat
sous lequel il vit l'affranchit des besoins qui, en Europe, s'imposent à la plupart des travailleurs ; il ignore presque toutes
les sollicitations du bien-être ; aussi, un gain modeste le met-
il à l'abri des dures privations. Peut-être même, peut-on
avancer que, s'il ne cédait facilement au goût du jeu et à
l'attrait permanent de la loterie, il arriverait parfois à l'é-
pargne.

Sa culture intellectuelle est encore peu développée ; sur ce
point quelques détails seront donnés plus loin. Son caractère
est doux ; il subit docilement la règle du travail ; mais son
tempérament ne le pousse pas, généralement, à égaler l'activité
déployée, par exemple, dans les manufactures ou sur les chantiers d'Angleterre, de France ou de Belgique. Il mérite l'intérêt et la sympathie ; il les obtient le plus souvent.

La constitution politique ne lui refuse aucun des droits du
citoyen. Il est électeur, sauf dans des cas assez rares. La loi
accorde le droit de vote, pour la nomination des députés, à
tous les citoyens payant, à un titre quelconque, 1,000 reis

(5 fr. 55) d'impôt annuel, à tous les citoyens sachant lire et écrire et à tous les citoyens chef de famille. Ces dispositions qui, en fait, rendent le suffrage presque universel, réservent aux ouvriers une participation importante à la vie politique du Royaume, mais l'accès de la Chambre des députés leur est fermée par les exigences de la loi électorale à l'égard des candidats (pour être éligible il faut justifier d'un revenu personnel de 400,000 reis [2,222 fr.]).

En ce qui concerne les droits de réunion et d'association, les ouvriers sont placés sous l'empire du droit commun..

SALAIRES

Les salaires sont très variables d'un établissement à l'autre.
Les éléments fournis en 1881 ne se prêtent pas à la détermination de chiffres qui permettent une utile comparaison entre
les salaires portugais et les salaires français.

Ainsi, si l'on essaie, par exemple, de fixer le taux moyen
des salaires de l'industrie du tissage de coton, on remarque
qu'un grand nombre d'industriels, parmi les plus importants,
ont omis de fournir les indications qui nous seraient indispensables. Néanmoins, je rapproche ces chiffres de salaires
des salaires moyens tels que les a publiés en France la Direction du commerce intérieur, et je constate que dans les
villes comme Lisbonne et Porto les salaires exceptionnellement élevés sont :

Pour les hommes 3ᶠ60
Pour les femmes. 1 66
Pour les enfants. 1 18

tandis qu'ils sont :

Pour les hommes, à Paris, 6ᶠ50 et dans les départements, de 3ᶠ30
Pour les femmes,   —   2 25   —   2 06
Pour les enfants,   —   1 60   —   1 30

Cet écart, dont l'enquête actuelle accusera sans doute la diminution, est grand et l'on peut dire que dans leur ensemble les
salaires portugais sont inférieurs aux salaires français d'en-

viron un tiers. Ils ne paraissent pas se ressentir du mouvement d'émigration vers le Brésil, qui attire surtout des cultivateurs.

Les tableaux dressés avec les renseignements recueillis en 1881 indiquent bien en résumé, pour les principales industries, la valeur de la production, mais le montant de la main-d'œuvre étant confondu avec celui des dépenses générales, il est impossible d'obtenir entre le prix et le produit du travail un rapport voisin de la réalité.

En Portugal, le prix des subsistances est élevé. Leur importation est considérable et elle est frappée de droits très forts. — L'augmentation de 6 p. 100 dont les Cortès viennent de surcharger tous les impôts existants, à quelques exceptions près, renchérit énormément la vie. Le pain de froment, la viande, le café, etc., sont dans ce pays aussi chers qu'en France, mais les ouvriers, sauf à Lisbonne, en consomment très peu. Leur alimentation est très frugale ; le poisson et le pain de maïs (*bróa*) y tiennent une large part. A Porto, par exemple, ils ne dépensent que 0 fr. 75 c. à 1 fr. pour leurs quatre repas journaliers. On peut donc dire qu'ici, n'était la grande sobriété de la population ouvrière, le rapport entre le prix du travail et les dépenses qu'impose la nourriture serait sensiblement moins favorable qu'en France.

Les salaires sont librement débattus entre les patrons et les ouvriers et jusqu'à présent les pouvoirs publics ne sont pas intervenus dans les contrats de travail, en établissant, par exemple, une série de prix ou en interdisant le marchandage.

ÉTABLISSEMENTS DANGEREUX ET INSALUBRES

Le Portugal n'est pas demeuré étranger aux préoccupations qui ont poussé presque tous les États à remédier autant que possible aux dangers inhérents à la vie industrielle. Une junte de santé, composée de sept membres, est instituée au ministère de l'intérieur pour étudier les questions intéressant d'une façon générale la santé publique, mais elle exerce, dans le domaine de l'hygiène, une sorte de souveraineté souvent platonique vis-à-vis de l'usine et de l'atelier. C'est l'autorité administrative qui domine, par une action salutaire, l'existence des établissements dangereux ou insalubres. Cette matière est réglée par un décret du 13 octobre 1863, qui offre les plus grandes analogies avec le règlement français : comme lui, il range ces établissements en trois classes, soumet la plupart d'entre eux à l'autorisation du gouvernement civil assisté, en tant que de besoin, d'un délégué technique et ordonne une inspection au moins annuelle pour assurer l'observation des conditions prescrites. Certains règlements particuliers sont venus successivement renforcer l'action tutélaire de l'administration et, notamment, à la date du 30 juin 1884, deux décrets inspirés par les dispositions en vigueur en France, ont fixé les conditions auxquelles sont soumis, d'une part, les générateurs et récipients à vapeur et, d'autre part, les moteurs hydrauliques.

Le gouvernement a considéré justement que ces mesures destinées à prévenir les accidents étaient insuffisantes et dans un des décrets dictatoriaux du 10 février dernier, il a exprimé la volonté d'imposer des conditions d'hygiène et de sécurité dans les fabriques ; mais le règlement prévu par ce décret n'a pas encore paru. En attendant, des mesures isolées sont adoptées. Ainsi, un cahier des charges dressé le 12 août 1889 pour l'adjudication de travaux publics soumet l'entrepreneur à l'obligation de protéger par des abris convenables les ouvriers employés à l'extraction des pierres ou à la fabrication du ciment et d'assurer le service médical avec une pharmacie portative et le personnel nécessaire.

TRAVAIL DES ENFANTS ET DES FEMMES

C'est sur le sort des enfants, des filles et des femmes adonnés au travail industriel que s'est attachée avant tout la sollicitude des pouvoirs publics en Europe. Le Portugal n'a pas encore suivi, nous l'avons dit, l'exemple donné par les autres États et aucune loi n'existe qui protège le développement de l'enfance ou la santé de la femme contre les excès du travail. Toutefois, ce problème qui n'est pas résolu a été posé à plusieurs reprises, notamment à la Chambre des députés par l'un de ses membres les plus éloquents, M. Emygdio Navarro, dont le projet, déjà ancien, n'a pas encore obtenu le premier encouragement d'un rapport. De son côté, le gouvernement a tenu à marquer l'intérêt qu'il porte à une question capitale pour le bon avenir de la population ouvrière : dans le décret du 10 février dernier, auquel il est fait allusion plus haut, il s'est engagé à réglomontor lo travail dcs femmes et des mineurs dans les établissements industriels. Ce règlement est l'objct d'uno étude approfondie ; il ne tardera sans doute pas à prescrire l'application des principes admis par la Conférence de Berlin, avec les tempéraments que conseillent les mœurs de ce pays et en tenant compte, pour la fixation des âges, des conditions de développement physique propres à ce climat, conditions qui, par exemple, permettent d'accepter dans l'armée des volontaires de 16 ans.

Dès à présent, dans un service soumis étroitement, comme celui de la régie des tabacs, à l'action administrative, le règlement interdit l'accès de ses fabriques aux garçons de moins de treize ans et aux filles de moins de quinze ans.

DURÉE DU TRAVAIL

La loi ne fixe pas la durée de la journée de travail. D'après l'ancienne coutume portugaise, qui prédomine encore, cette journée s'étend du lever au coucher du soleil, avec trois heures de repos : une demi-heure le matin à huit heures, deux heures à midi et une demi-heure à quatre heures. Le samedi, la journée se termine à trois heures et le repos de midi est réduit de moitié ; le lundi, elle commence une heure plus tard. Ces dernières habitudes, particulières à la région du nord, permettent aux ouvriers de se rendre ainsi chaque semaine à la campagne où beaucoup d'entre eux ont conservé leur centre de famille.

Dans un grand nombre de fabriques le travail se poursuit de six heures du matin à six heures du soir et n'est suspendu que pendant deux heures de repos. La durée moyenne du travail journalier peut être considérée comme de dix heures. Par exception, certains ouvriers, comme ceux qui sont employés aux travaux souterrains des mines, ne travaillent que pendant huit heures.

Cette durée de travail a été réclamée par la manifestation qui, à l'imitation de celles qui se sont produites dans toute l'Europe, a été organisée le 1er mai dernier à Lisbonne et à Porto. Il semble que les ouvriers portugais ont obéi au mot d'ordre étranger plutôt qu'à une impulsion nationale née d'un besoin réel.

Le repos du dimanche est assez général ; aucune loi ne l'impose ; il n'est pas observé dans certaines industries, telles que celles à feu continu.

RESPONSABILITÉ DES PATRONS

La responsabilité des patrons, en cas d'accident, est réglée par le droit commun, c'est-à-dire par les articles 2398 et suivants du Code civil. Aux termes de ces articles, les entrepreneurs de travaux, les propriétaires d'établissements industriels, commerciaux et agricoles, les compagnies de chemin de fer, etc., sont civilement responsables des dommages et accidents causés par leur faute ou celle de leurs agents, à quelque personne que ce soit, soit que lesdits dommages ou accidents résultent d'un fait contraire aux règlements concernant l'industrie qu'ils exercent ou les industries similaires, soit que la faute consiste dans l'omission d'une prescription réglementaire.

La responsabilité existe également dans le cas où le chef d'entreprise a volontairement négligé les règles communes établies par la pratique.

S'il y a eu en même temps faute ou négligence de la part de la personne lésée, la responsabilité du chef d'entreprise sera atténuée dans la mesure où cette faute ou négligence aura concouru à produire l'accident. Tel est le texte de la loi. Les ouvriers peuvent bien l'invoquer, mais ils redoutent généralement l'interprétation que les tribunaux lui donneraient ; ils n'osent, pour un résultat très incertain, engager un procès que le défaut d'assistance judiciaire rend onéreux et ils renoncent à une garantie qui, ainsi, devient illusoire.

OUVRIERS ÉTRANGERS

La modicité des salaires éloigne les ouvriers étrangers des ateliers portugais. Certains travaux, la création d'industries nouvelles, l'emploi de machines perfectionnées, imposent parfois le recours à la main-d'œuvre étrangère ; mais, dès qu'à cette école se sont formés, plus ou moins parfaitement, les ouvriers nationaux, dès que les travaux exceptionnels sont achevés, les immigrants — qu'on ne cherche pas à retenir — reprennent le chemin de leur pays. C'est ainsi que les chemins de fer et les manufactures qui emploient de nombreuses machines ont réussi, au prix de certaines épreuves, à se créer un personnel national. Quelques manufacturiers, désireux de maintenir la supériorité de leurs produits, ont continué à employer des ouvriers étrangers. Mais on peut dire que le nombre de ceux-ci est si restreint que leur concurrence est vraiment négligeable. Seuls, les Espagnols, originaires de la Galice, se fixent en assez grand nombre et d'une façon durable dans ce pays ; ils se chargent généralement des travaux les plus pénibles qui attirent peu les Portugais.

ÉCOLES

L'un des membres de la commission d'enquête de'1881, M. Palmeirim, a constaté que « la presque totalité des mineurs, qui représentaient l'avenir de l'industrie nationale, ne savait ni lire ni écrire ».

Déjà, cependant, un décret du 2 mai 1878 rendait l'instruction primaire élémentaire obligatoire pour les enfants de six à douze ans, sauf dans des circonstances précises. Les années ne paraissent pas avoir beaucoup amélioré cette situation. En 1888, sur 3,969 paroisses que compte le Portugal, 1,372 n'avaient pas d'école. Sur une population de 289,514 enfants d'âge scolaire, 246,303 étaient inscrits sur les registres et 158,726 fréquentaient l'école. Il est probable qu'une assez grande partie des enfants qui fuient ainsi l'école resteront généralement incapables, par leur ignorance des connaissances les plus élémentaires, de devenir de très bons ouvriers. Pour former un personnel intelligent, à la hauteur des exigences de l'industrie moderne, on a fondé, à Lisbonne et à Porto, deux instituts industriels et, dans ces dernières années, on a disséminé sur tout le territoire 28 écoles industrielles ; 16 d'entre elles sont consacrées à l'enseignement exclusif du dessin industriel ; les autres joignent à cet enseignement celui des sciences élémentaires, surtout mathématiques, de la langue française et de la comptabilité commerciale. Ces fondations sont trop récentes pour avoir pu produire un résultat appréciable ; en 1885-1886, ces écoles industrielles

comptaient environ 1,600 élèves. Les deux instituts industriels ont pour objet de donner un enseignement technique
et commercial aux jeunes gens appelés à diriger des fabriques, à se livrer au commerce, ou se destinant à la situation
de conducteurs de travaux ou de contremaîtres. D'après la
dernière statistique (1885), 1,928 élèves s'étaient fait inscrire
à l'institut de Lisbonne et 1,225 à celui de Porto, mais sur
les premiers 158 seulement avaient subi les examens et 91
avaient été reçus. A Porto, 9 élèves seulement avaient
achevé leurs études, dans le but de devenir conducteurs de
travaux publics. Cet abandon s'expliquerait-il par la considération qu'exposait ainsi M. Palmeirim en 1881 ?... « Ce
sont les industriels eux-mêmes qui se refusent à accepter
dans leurs fabriques les élèves des instituts et ils fondent ce
refus tantôt sur les exigences de ces élèves au point de vue
du salaire, tantôt sur la suprématie qu'ils s'arrogent en faisant passer la théorie avant la routine et en usurpant ainsi
une part des attributions et de l'autorité des patrons. »

Ces répugnances cesseront sans doute devant les avantages
universellement reconnus d'une instruction technique complète.

CONFLITS ENTRE PATRONS ET OUVRIERS

Les goûts modestes des ouvriers, leur résignation hérédi-
taire à un sort qu'ils jugeaient peut-être impossible d'améliorer, l'ignorance dont ils sont lents à sortir, le sentiment
de leur isolement et, par suite, de leur impuissance, et aussi
l'attitude généralement bienveillante des patrons, tout a re-
culé et atténué entre les uns et les autres l'explosion de conflits si fréquents chez les nations industrielles. Cependant,
en Portugal aussi, l'action du temps, bien que plus lente,
apparaît. La vie des manufactures a groupé un grand nombre
d'ouvriers, le séjour de la ville les a soustraits en partie aux
influences traditionnelles, la solidarité née de la vie en commun et le spectacle du grand développement de l'industrie
leur ont donné une conscience plus nette de leur force ;
ajoutons que la loi qui pousse l'humanité vers le bien être
accroît insensiblement leurs besoins matériels et que des
conseils arrivant par différentes voies leur promettent, par
l'union et la persévérance, l'amélioration de leur sort et, le
cas échéant, la victoire sur les patrons, et nous comprendrons
que, même dans ce pays où la douceur du climat communi-
que aux mœurs quelque apathie, des grèves se soient produites depuis quelques années.

Le droit de coalition découle du silence de la loi, le gouvernement ne peut user que des pouvoirs que lui confère le
Code pénal (art. 277 et 278) pour protéger contre toute me-
nace la liberté du travail et la propriété.

Presque toutes les grèves ont eu pour objet l'augmentation

du salaire. Les patrons cèdent rarement. Ils reprennent les ouvriers qui veulent rentrer, mais non les meneurs. Quelques-uns exigent un certificat afin de ne pas embaucher d'anciens grévistes. Pour permettre à ceux-ci de trouver du travail, l'administration offre son intervention officieuse et ses efforts sont généralement heureux.

Les patrons aussi se coalisent parfois. Ainsi, l'année dernière, pour protester contre les privilèges que le gouvernement venait d'accorder, par une ordonnance du 15 mars, à la Compagnie vinicole du Nord, dans le but de favoriser l'écoulement des vins nationaux à l'étranger et surtout en Allemagne, un grand nombre de négociants en vins se sont entendus pour suspendre leur commerce jusqu'à ce que satisfaction leur fût accordée. Cinq mille ouvriers ainsi privés d'ouvrage ont été, sur leur demande, employés aux travaux des routes ou mis au service de la douane. Le calme n'a pas été troublé. Les négociants ont ainsi obtenu l'ajournement, sinon le retrait des mesures qu'ils redoutaient.

SOCIÉTÉS COOPÉRATIVES

Les institutions de prévoyance et les sociétés coopératives
n'ont commencé à prospérer en Portugal que dans la seconde
moitié de ce siècle : on peut même considérer leur développement comme une conséquence directe du mouvement politique et social de 1848. Les idées nouvelles ne manquèrent
pas, en ce pays, d'apôtres éloquents et convaincus ; la classe
ouvrière honore encore la mémoire du plus éminent d'entre
eux, José Fontana. Mais ceux-ci semaient sur une terre mal
préparée ; ils durent attendre jusqu'aux environs de 1867 pour
recueillir les premiers fruits de leurs efforts. Ce n'est pas que
le principe de l'association répugne au caractère national ; de
vénérables institutions, plusieurs vieilles de trois siècles et
plus florissantes que jamais, grâce à l'esprit nouveau qui les
anime, sont là pour attester le contraire. Issues d'anciennes
confréries religieuses dont elles conservaient encore presque
tous les caractères, ou enfermées dans le cadre étroit des
antiques corporations, il leur manquait, pour remplir leur
mission sociale, l'esprit de propagande et la conscience de
leur pouvoir.

Les sociétés coopératives sont régies par une loi du 2 juillet 1867. Elles peuvent avoir pour objet : la vente des denrées
alimentaires ; la fourniture des matières premières, des outils
et des machines nécessaires à l'agriculture et à l'industrie ;

l'organisation d'ateliers pour le travail en commun ; le débit des produits de ce travail aussi bien que du travail isolé des associés, la construction de logements pour les ouvriers, les opérations de crédit, mais seulement en faveur de leurs membres. Elles sont constituées, soit par actes authentiques, soit par actes sous seings privés. Leur responsabilité est limitée ou illimitée. Elles sont, d'une façon générale, soumises à la législation commerciale. Cependant la loi leur impose l'obligation de publier leurs comptes et de soumettre leurs statuts au gouvernement.

Le plus grand nombre de ces sociétés sont établies dans les centres industriels de Lisbonne et de Porto. Il faut citer pourtant les sociétés coopératives de tisserands, établies en assez grand nombre dans les provinces du nord, et les associations de pêcheurs de Faro, de Lagos, d'Olhâo, etc., dont l'origine remonte au xvie siècle. Les cotisations prélevées par chacun de leurs membres sur les produits de la pêche servent ensuite à leur procurer des ressources pour la réparation des barques et des filets.

Les sociétés plus importantes qui existent dans les villes ressemblent, à beaucoup d'égards, à des sociétés commerciales anonymes ; quelques-unes ont en même temps le caractère de sociétés de secours mutuels.

Ainsi l' « Association fraternelle des fabricants de tissus », fondée en 1848, dispose d'un capital d'environ 10 contos de reis (55,000 fr.) ; elle distribue à ses associés, au nombre de 137, des dividendes variant entre 7 et 5 p. 100 de leurs mises de fonds, et leur assure en même temps des secours s'ils viennent à tomber dans le besoin.

Les parts de fondateurs sont quelquefois très petites et accessibles aux plus pauvres ouvriers. Voici, par exemple, la « Coopérative industrielle et sociale », créée à Lisbonne en 1872 par des ouvriers fondeurs et serruriers. Les parts étaient de 1,000 reis (5 fr. 55). 500 parts furent émises à l'origine. Elles ne tardèrent pas à être remboursées, et, en 1881, la société disposait d'un capital de 4 contos de reis (22,000 fr.). Elle vendait pour 10,000 fr. de marchandises et payait ses ouvriers à raison de 4 fr. 45 c. en moyenne. Le capital et le chiffre des affaires avaient encore doublé en 1888.

La « Société coopérative des ouvriers en tissus », de Porto, ressemble de tous points à la précédente. Mais l'insuffisance de son capital primitif l'a empêchée de prendre le même développement.

La « Caisse de secours des chemins de fer du Sud et du Sud-Est », fondée en 1877, avait pour objet d'ouvrir un magasin de denrées alimentaires au profit exclusif des employés de la compagnie. Ses statuts ont été élargis en 1883. Elle fournit aujourd'hui des secours à ses membres infirmes ou malades, et des pensions à leurs veuves. Sur les bénéfices réalisés par le magasin, 40 p. 100 vont à la caisse de secours, et 60 p. 100 forment le boni des consommateurs. Les membres de la société paient, en outre, une faible cotisation mensuelle.

La « Société coopérative d'économie domestique », établie à Porto en 1875, est une des plus importantes ; mais le chiffre élevé de la prime d'entrée (555 fr.) en interdit l'accès aux ouvriers pauvres. Elle vend les objets de consommation, soit à ses membres, soit même à des étrangers. Sur ses bénéfices, 50 p. 100 sont employés à constituer un fonds de réserve, et le reste à amortir les primes d'entrée des associés. En 1884, les actionnaires étaient remboursés, et, en 1885, chacune de leurs actions, complètement remboursées, représentait une valeur de 1,110 fr., soit le double de la valeur initiale. Ils possèdent, en outre, un édifice considérable à Porto.

La « Caisse économique ouvrière » (société de consommation) eut des débuts plus modestes. Fondée en 1876 par quelques ouvriers de Lisbonne, avec des cotisations de 25 centimes, elle possédait en 1888 un capital de plus de 50,000 fr. et un fonds de réserve de 6,000 fr. Les associés, au nombre de 810, ont aujourd'hui à leur disposition une élégante maison, des salles de réunion, un salon de lecture, etc. Le 8 mai 1889, ils inauguraient dans ce local une exposition ouvrière.

Enfin, les journaux annoncent la fondation à Lisbonne d'une

« Association en vue de la construction de maisons pour les pauvres ». Les associés seront au nombre maximum de 100. Chacun d'eux paiera une cotisation hebdomadaire de 500 reis (2 fr. 75), plus 5 p. 100 sur la valeur de la maison qu'il occupera, moyennant quoi il en deviendra, en cinq ou six ans, propriétaire.

Ces exemples, choisis entre beaucoup d'autres, suffisent à montrer que les ouvriers portugais sont loin de méconnaître les bienfaits de la coopération.

INSTITUTIONS DE PRÉVOYANCE

Quant aux institutions de prévoyance, sociétés de secours
mutuels et caisses de retraites, l'origine en est fort ancienne
en Portugal, comme je l'ai dit : elles existaient dans les siècles passés, sous le nom de *Montes Pios* qu'elles ont conservé,
et ce n'est que progressivement qu'elles ont perdu les caractères trop exclusifs de leur origine. Aujourd'hui encore, elles
ne sont point soumises à une législation uniforme. Fondées
à des époques et dans des conditions variées, encouragées cependant par l'État, placées sous son contrôle et souvent do-
tées de privilèges considérables, ces institutions ont eu des
fortunes diverses ; aucune n'a atteint des résultats compara-
bles à ceux qu'obtient, en Amérique par exemple, le libre
effort des associations privées, en France l'initiative gouver-
nementale.

Parmi les plus anciennes, il faut citer :

Le *Monte Pio do Senhor Jesus de Bomfim* (confrérie de la
bonne mort), transformé en 1807 en une association des ouvriers des arsenaux militaires, et dont les statuts, réformés
en 1842, obligent encore les associés à certaines pratiques
religieuses. Cet établissement assure à ses membres, moyennant une faible cotisation, des secours en argent et des soins
médicaux gratuits en cas de maladie.

L'Association des ouvriers argentiers, formée, vers la fin
du siècle dernier, de la réunion de deux confréries célèbres,
celle de N.-D. de l'Assomption et celle de Saint-Éloy. Jusqu'en 1864, elle eut le privilège de poinçonner les poids et

mesures dans la ville de Lisbonne. Elle compte encore une soixantaine de membres et possède un capital de 285,000 fr.

L'Association des orfèvres, qui n'est pas moins ancienne. Rajeunie en 1877 par! de nouveaux statuts, elle n'admet encore qu'un nombre limité d'associés.

Voici maintenant des sociétés d'un genre moins restreint :

L'Association typographique de Lisbonne, fondée en 1852 et admettant, outre les typographes, les graveurs, les dessinateurs, les encadreurs, etc.

La Caisse de secours de l'imprimerie nationale, établie en 1846 par les employés de cette administration et composée de trois établissements distincts : une caisse de secours mutuels, une caisse de crédit, une caisse d'épargne.

La Caisse de secours *Paulo Cordeiro*, fondée en 1884 par les employés de la Compagnie générale des tabacs. Celle-ci comprend quatre institutions : une société coopérative, qui a ouvert des magasins à Porto et à Lisbonne, une société de secours mutuels, une caisse de retraite et une caisse d'épargne.

Le *Monte Pio Pelicano* se distingue des sociétés qui précèdent en ce que ses rangs sont ouverts aux ouvriers de toutes catégories. Ses statuts distinguent trois classes de sociétaires. Agés de 15 à 25 ans, ils paient une prime d'entrée de 3,000 reis (16 fr. 50 c.); de 26 à 40 ans, 4,000 reis ; de 40 à 45 ans, 6,000 reis. La cotisation mensuelle est uniforme : 700 reis. Les secours quotidiens alloués aux sociétaires malades s'élèvent à 400 reis pour les 90 premiers jours. On les réduit ensuite à 200 reis. La pension accordée dans le cas d'incapacité définitive de travail est de 86,400 reis par an (480 fr.). Le nombre des sociétaires, au 31 décembre 1887, était de 1,765.

La plupart des sociétés que j'ai citées plus haut et de celles que je ne mentionne pas sont organisées d'après les mêmes principes, avec des variations dans les chiffres.

Deux caisses de retraite sont à signaler : la Société de secours dans l'infirmité, fondée en 1872, admet des associés de trois classes, selon l'importance de leur cotisation. Il faut, pour y être admis, être âgé d'au moins 16 ans et de 40 ans aù plus. Au bout de cinq ans, les associés ont droit, s'ils sont frappés d'infirmité, à une pension de retraite variable suivant la classe à laquelle ils appartiennent. Chaque nouvelle période de cinq ans écoulée sans qu'ils aient fait appel à l'assistance de la société, élève le taux de cette pension.

L'Association des « invalides du travail » repose sur des principes analogues.

Tous ces établissements, sociétés de secours mutuels et caisses de retraite, jouissent de la personnalité civile et sont tenus de communiquer leurs statuts au gouvernement. Ils sont d'ailleurs maîtres de leurs budgets ; l'autorité administrative n'intervient que pour vérifier leurs comptes et relever les abus que cet examen pourrait révéler. Les tribunaux administratifs prononcent sur les réclamations des membres des sociétés contre leurs administrateurs.

L'opinion publique réclame depuis longtemps une loi déterminant les bases sur lesquelles devront être fondées à l'avenir les sociétés de secours mutuels. Ces institutions sont loin, en effet, d'avoir donné jusqu'ici, en Portugal, les résultats qu'il est permis d'en attendre. Les ouvriers se plaignent de ne pas en recevoir tous les bienfaits promis par les statuts et d'être trop souvent obligés de s'affilier à plusieurs d'entre elles pour s'assurer des ressources suffisantes dans la maladie, et dans la vieillesse. Les frais d'administration de ces sociétés seraient, en général, hors de proportion avec l'importance de leurs opérations.

Le gouvernement, pour marquer l'intérêt qu'il porte à la question, a annoncé, par un décret dictatorial du 10 février, 1890, la préparation d'une loi organique : les sociétés dont il s'agit devront être dispensées de l'impôt sur les loyers ; l'État mettra un immeuble à leur disposition, et des subventions pécuniaires leur sont promises, en cas d'épidémie.

Une commission a été chargée de préparer la loi. Les hommes distingués qui la composent se trouvent en présence d'une tâche difficile. Si en effet l'initiative des patrons et des ouvriers, qui n'a jamais fait défaut en Portugal, n'a pas toujours été récompensée par le succès, si beaucoup d'associations sont demeurées à l'état embryonnaire, c'est peut-être faute d'une étude assez approfondie des questions sociales d'ordre pratique, c'est faute de statistiques précises qui permettraient de calculer pour chaque ville, pour chaque profession, pour chaque âge les chances de mortalité et de maladie, c'est-à-dire les charges probables des diverses institutions de prévoyance, et de fixer, pour chacune d'elles, le taux exact des pensions et des secours qu'elle pourra assurer à ses membres. Les données recueillies sur la matière, en France et en Angleterre, ne sauraient s'appliquer à un pays qui diffère de ceux-ci par la race, par le climat; et l'étude dont je parle n'a jamais été entreprise d'une façon complète en Portugal. On en trouverait cependant les premiers éléments dans les comptes rendus très bien faits des opérations des sociétés actuellement existantes. Celles-ci ont frayé la voie, et leur expérience guidera la génération nouvelle.

G. BIHOURD.

TABLE DES MATIÈRES

Nancy, imprimerie Berger-Levrault et Cie.